构式语法视域下
清末民初汉语研究探微

韩书庚　娜　红　著

天津出版传媒集团

天津人民出版社

图书在版编目（CIP）数据

构式语法视域下清末民初汉语研究探微 / 韩书庚，
娜红著 . —— 天津 : 天津人民出版社 , 2024.5

　ISBN 978-7-201-20419-2

　Ⅰ . ①构… Ⅱ . ①韩… ②娜… Ⅲ . ①汉语 – 语法 –
研究 – 中国 – 近代 Ⅳ . ① H146

中国国家版本馆 CIP 数据核字 (2024) 第 076837 号

构式语法视域下清末民初汉语研究探微

GOUSHI YUFA SHIYU XIA QINGMO MINCHU HANYU YANJIU TANWEI

出　　版　天津人民出版社
出 版 人　刘锦泉
地　　址　天津市和平区西康路 35 号康岳大厦
邮政编码　300051
邮购电话　（022）23332469
电子信箱　reader@tjrmcbs.com

责任编辑　郭晓雪
装帧设计　阅平方

印　　刷　武汉鑫佳捷印务有限公司
经　　销　新华书店
开　　本　170 毫米 ×240 毫米　1/16
印　　张　11
字　　数　143 千字
版次印次　2024 年 5 月第 1 版　2024 年 5 月第 1 次印刷
定　　价　66.00 元

目　录

第一章　绪　论

学术研究的生命在于创新，而进行创新不外乎新材料的挖掘与新理论的突破。随着信息化的浪潮，在语言研究领域中，借助于计算机手段使得语料的数字化成为趋势，而具有发现新材料、提出新理论的能力是检视一个学者乃至一个学派是否有学术眼光的两项标准，只有遵守语言学科的研究范式，立足于本土或域外的汉语材料，皆值得深入开垦。"研究植根于泥土，理论生发于事实"，蜚声中文学界的汉语学者邢福义的此句名言是当下汉语学人不懈的追求。

在语言学科中，汉语史是关于汉语发展的内部规律的科学。在这一门科学中，我们研究现代汉语是怎样形成的。目前学界一般将五四运动作为现代汉语开始的时期，那么这一段之前清末民初时期的汉语面貌如何？有哪些新质要素？有哪些旧质要素？语言转型时期的变化规律如何？诸多问题，皆需要诸多学人深入研究。

一、汉语史研究的薄弱环节—清末民初时期

清末民初时期指 1840 年鸦片战争到 1919 年五四运动前夕。王力先生（1980）在论述汉语史的初步分期时把鸦片战争至五四运动这一阶段作为过渡阶段，①可以说为此时期的汉语研究提供了研究的思路。刁晏斌（2008）认为

---

① 王力：《汉语史稿（重排本）》，中华书局，2004 年。

"这一时期，各种语言现象丰富多彩，相关的促生原因和制约因素纷纭复杂，因此非常值得进行研究，而且研究的意义和价值也非常大。"①清末民初作为近代汉语向现代汉语的过渡阶段，语言面貌的复杂化程度远高于汉语研究的其他阶段。此时期具体表现为以下显著特征：第一，文言与白话并存与交织。清末民初时期书面语中仍以文言为正统地位，白话处于附属位置。不过随着清末民初白话文运动的开展，白话逐渐取得重要的地位。因而，清末民初既是文言发展史的重要一段，同样也是白话发展史上的重要部分。第二，语料种类较为繁杂，需要分类梳理。我们认为清末民初语言研究的相对滞后与这一语料特征密切相关。此时期较有代表性的语料主要有以下几类：一是报刊语料。处在千年未有之变局的纷繁时期，一些先进的知识分子采用办报的方式启迪民智，救国图存，这种语料在清末民初数量较多，从文言与白话角度可分为文言语料和白话语料，同时一些文言报刊也刊登少量白话文章。从创办者的国籍来说，分外国传教士创办的中文报刊和国人创办的报刊。二是翻译语料，其中严复与林纾的翻译作品影响巨大。三是游记及考察语料。四是各类时文，清末民初时期各种社会思潮涌动，各派政治力量和知识分子充分利用时文宣传自己的主张，因而时文的政治色彩和宣传价值尤为凸显。

在上述语料中，学界对清末民初白话报刊关注较为薄弱，发现其汉语语料学研究价值并付之行动的是业师张文国先生，在近十载的不断耕耘下已经汇聚成"清末民初白话报刊"汉语研究的文献与研究中心，为推动汉语的断代研究做出了一定的成绩。

清末民初时期白话是汉语发展史上重要时期。其中白话文的主要实践方式以大规模的白话报刊为主导。辛亥革命前后，白话报刊的创办推进到一个前所未有的高度。较有影响的有《京话日报》，报纸语言通俗，其出版广告云：本

---

① 刁晏斌：《试论清末民初语言的研究》《励耘语言学刊》，2008年第2期。

报为输进文明，改良风俗，以开通社会多数人智识宗旨。故通幅概用京话，以浅显之笔，达朴实之理，纪紧要之事，务令雅俗共赏，妇稚咸宜。（《京话日报》1904-8-22）内容接近普通民众，且价格低廉，深受民众的欢迎，是当时北京比较有影响力的报纸。学界在清末民初的白话报刊的发掘与整理上，代表性著作为胡全章所著的《清末民初白话报刊研究》，该书首先考察了清末白话文运动的理论主张、主要阵地及辅助手段等方面，对清末民初白话报刊的语言面貌、文类形态与文学创作状况进行阐释。他认为，通俗化和口语化是这一阶段报刊白话最为明显的语言特征。[①]例如：

有本省志士李德膏君 在湖南同乡官商中 筹集经费 禀请湖南巡抚 创设安徽旅湘公学 专收安徽人 学习普通各学 前月在省城 遍贴招贴 招牧学生 学中学费火食 每年收钱四十千文 已于本月初一开学 听说学规功课 样样都不错 我想安徽有志求学的青年 狠可以到那里去学习哩 [安徽俗话报 1904（2）16]

可以说，清末民初白话报刊的语言通俗易懂，言文合一，成为研究此阶段语言面貌的重要语料。

二、借助新兴理论的开掘—构式语法（Construction Grammar）

构式语法（Construction Grammar）是 20 世纪 80 年代后期逐渐兴起的一种新的语法理论，它在国际语法学界和汉语语法学界影响逐渐扩大。构式语法是基于认知语言学之上的理论体系，该理论的目的是解释语言的整体，包括一般规律和特定构式。[②]"认知"（cognition）这一术语属于心理学范畴，是指人们获得知识或应用知识的过程，或信息加工的过程。随着研究的深入，语言学

---

① 胡全章：《清末民初白话报刊研究》，中国社会科学出版社，2011 年。
② 董燕萍，梁君英：《走近构式语法》《现代外语》，2002 年第 2 期。

家认为语言能力也是人的认知能力的一部分，从认知角度研究语言规律即认知语言学。李福印（2008）认为：认知语言学是一门研究语言的普遍原则和人的认知规律之间关系的语言学流派。[①]因此，构式语法这一新兴理论建立在认知语言学的基础上使得它一开始就受到学界的广泛关注和重视。文旭、屈宇昕（2022）将构式语法的发展阶段概括为：构式语法的诞生与发展阶段（1985-2004），构式语法的深化与成熟阶段（2015-2014），构式语法的反思与创新阶段（2015年至今）[②]。

关于"构式"的定义，戈德堡（Goldberg 1995）认为"假如说 C 是一个独立的构式，当且仅当 C 是一个形式（Fi）和意义（Si）的对应体，而无论是形式或意义的某些特征，都不能完全从 C 这个构式的组成部分或另外的先前已有的句式推知。"[③]绝大多数构式具有不可预测性（unpredictability），如"有+NP"构式，其中"NP"为抽象名词，"水平、经验、能力"等，其构式义表示正面的"多、大、好"意义，并不能从动词或名词中预测出来。当然，语言中不是所有构式都具有不可预测性，戈德堡（Goldberg 2007）指出"任何语言格式，只要其形式或功能的某些方面不能从其组成部分或其他已经存在的构式中得到完全预测，就应该被看作是一个构式。此外，即使有些语言格式可以得到完全预测，只要它们的出现频率很高，这些格式仍然会被语言使用者存储为构式。"[④]因此，不可预测性（unpredictability）并不能作为判定是否构式的唯一标准，简言之判定是否为构式要综合分析。构式语法基于语言使用观，符合人们的心理现实性，在语言习得和理解有较为充分的证据。构式语法认为，语

---

① 李福印：《认知语言学概论》，北京大学出版社，2008 年。

② 文旭，屈宇昕：《构式语法四十年》《外语与外语教学》，2022 年第 6 期。

③ 〔美〕Goldberg A.E.Constructions: A Construction Grammar Approach to Argument Structure[M]. Chicago：University of Chicago Press,1995：4.

④ 〔美〕Adele E.Goldberg 著，吴海波译《运作中的构式：语言概括的本质》，北京大学出版社，2013 年。

言是由不同的构式组成的系统。严辰松（2006）认为：构式以原型构式为基础，通过隐喻和转喻机制，形成具有"家族相似性"的网络。① 可以说，构式语法试图构建每种语言中的构式框架与体系，日益凸显出较大的研究价值，描写与解释了许多重要的语言现象。仅以构式语法的创始人之一 Goldberg 的研究为例，她对题元结构（双及物构式、致使—移动构式、动结构式）等研究较为深入细致，发掘出语言中更多的规律。需要强调的是，构式语法虽然是来自国外的语法理论，并不代表汉语语法学界以前没有构式意识。王力先生（1984）指出，须知所谓语法，就是族语的法则，主要的部分乃在于其结构的方式，并不在于人们对语言成分的称谓如何。② 马庆株（2021）认为，我们研究结构、构造、格式（或译为构式）意义比西方构式语法早得多。③ 可以说构式语法的深入研究既需要吸收借鉴西方的语法理论，同时也要从汉语语法研究中寻找构式研究的方法。当然，构式语法也面临新的挑战，董燕萍、梁君英（2002）认为"主要体现在两个层次上，理论层次和应用层次。理论层次上的主要问题是：如何从构式语法现有相对孤立的研究中构建一个更加完整的语法体系？应用层次上的主要问题是：如何从构式的角度研究语言的习得、语言的理解和产生？构式语法的现有研究在这两方面都表现出了令人鼓舞的生命力，但要回答以上两个问题我们仍然需要做出长期的努力。"④

汉语学界对构式的研究范围是否包含词法构式有不同的认识。戈德堡（Goldberg）认为，"在构式语法中，词库和句法之间没有严格的分界线。词汇构式和句法构式的内部复杂性有所不同，在语音形式的表达上也有所不同，然而词汇构式和句法构式实质上是同一类明确表达的数据结构：二者都是形式和

---

① 严辰松：《构式语法论要》《解放军外国语学院学报》，2006 年第 4 期。
② 王力：《中国语法理论》，山东教育出版社，1984 年。
③ 马庆株，李广瑜：《语义功能语法答问》《渤海大学学报（哲学社会科学版）》，2011 年第 4 期。
④ 董燕萍，梁君英：《走近构式语法》《现代外语》，2002 年第 2 期。

意义的配对。"①而陆俭明先生认为"构式只限于句法层面，还是推及词法层面，将一个个语素、一个个词也看作构式？这在学界也有分歧。"②我们的观点是，构式不仅在句法层面大量存在，而且在词法层面也存在，以构式语法视域关注词法方面会有一些新的认识和发现。当下汉语构式研究成为语法研究的热点之一，主要集中在句法角度，如双及物构式、存现构式、被动构式、祈使构式、方位构式等等，而对词法从构式视角关注得并不多见，包括张金竹的《现代汉语反义复合词式的语义和认知研究》（2015）、李艳华《现代汉语并立复合构式研究》（2021）等。简言之，凡是形式与功能的配对都为构式，任何语言中词法构式是客观存在的。

对于新兴的构式语法理论，我们不但要吸收其理论精髓，更要合理借鉴，切实有助于发现运用其他理论没有发现的汉语语法事实，从中提炼出汉语的规律，这应该是从事汉语研究的学人共同的奋斗目标和努力方向。

下文即是运用这一语法理论对汉语过渡时期（清末民初）的专题式研究，主要从待嵌构式、程度构式、复句构式等方面依次展开，尽管算不上完美无缺，可是丑媳妇总得见公婆，也算是抛砖引玉，希望能得到学术行家、汉语学人、语言学爱好者的有益指正。

---

① 〔美〕Adele E. Goldberg 著，吴海波译：《论元结构的构式语法研究》，北京大学出版社，2007 年。

② 〔美〕Adele E.Goldberg 著，吴海波译：《运作中的构式：语言概括的本质》，北京大学出版社，2013 年。

第二章　清末民初待嵌构式

关于待嵌构式这一名称，学界称说不一，著名语法学家张斌先生（1988）用的"类固定短语"的术语，指出"有特定的结构和功能，跟某些成语近似，不妨称之为类固定短语"。①陈昌来、李传军等（2012）对现代汉语类固定短语的考察既有理论探索，也有各种类型的详细深入分析。有的学者采用的是待嵌格式的表述，周荐（2001）对此进行界定，指出"两字交替显现、两字（个别的为多字）交替隐含而需人们在使用中将隐含的字填补进去以成就一个新的词汇单位的准四字格式"。②孟祥英（2014）对待嵌格式进行较为详细深入探讨，从待嵌格式的整体描写、分类描写、产生动因以及应用研究四方面做了考察。

本章我们将逐一考察以下类型的待嵌构式，包括"不 A 不 B""又 A 又 B""一 A 一 B""（S）X 一般""A 来 B 去""愈 A 愈 B""可 A 可 B""最 A 最 B""有 A 有 B""AB 而 C""AB 之 C"以及"如"类构式，从每种构式的内部构成、语法功能、语义特点等方面进行考察。

第一节　"不 A 不 B"构式

在白话报刊语料中出现了较多的"不 A 不 B"构式，有时出现多次连用。如：

---

① 文炼：《固定短语和类固定短语》《世界汉语教学》，1988 年第 2 期。
② 周荐：《〈现代汉语词典〉中的待嵌格式》《中国语文》，2001 年第 6 期。

案例① 何况中国的佛教，真是皮毛的皮毛，<u>不耕不织</u>的人太多，保护着有甚么益处，大约必是传闻之误。[《京话日报》1905-3-5]

案例② 至于池塘里面，汤软汤硬汤浊汤清，大有关人的卫生，汤软是水太凉了，汤硬是水太热了，汤浊是水太少了，汤清是水太多了，简直说吧，凉啦热啦少啦多啦，都合卫生有碍，<u>总要不凉不热不多不少</u>，再合卫生合宜。[《吉林通俗教育讲演稿范本》1917（12）：71]

基于构式语法理论，"不 A 不 B"构式具有不可推测性，不能从内部成分 A 或 B 推测出来。戈德堡（Goldberg）主张："任何语言格式，只要其形式或功能的某些方面不能从其组成部分或其他已经存在的构式中得到完全预测，就应该被看作是一个构式。"[①]我们对"不 A 不 B"构式进行语法、语义、语用等方面研究，试图发掘清末民初时期这一构式的特点。

一、"不 A 不 B"构式的语法特点

下文从构式的内部构成和语法功能两方面进行分析。

（一）"不 A 不 B"构式的内部构成

"不 A 不 B"构式中 A、B 为单音节，主要有"规、矩、僧、道、动、移、闻、知、惊、扰、捐、税、癫、疥、惧、怕、刷、抖、尴、尬、增、减、完、备、奴、婢、止、撤、饥、寒、雄、雌、吃、睡、哭、笑、即、离、黑、白"等。

A、B 的语法性质以谓词性为主，包含动词性与形容词性，前者如：不加不减、不吵不闹、不养不教、不吃不喝、不攒不透、不嫁不娶；后者如：不慌不忙、不新不旧、不干不净、不勤不俭、不偏不僻。A、B 以体词性为辅，例

① 〔美〕Adele E.Goldberg 著，吴海波译：《运作中的构式：语言概括的本质》，北京大学出版社，2013 年。

如：不声不响、不中不西、不男不女、不上不下、不先不后。

构式中 A、B 的语序呈现出优选性，即具有一定的顺序。从认知角度上，A、B 的语序受到人类思维及认知规律的制约，可以运用认知语言学中的相似性原则（iconicity）解释，语言的相似性指的是感知到的现实的形式与语言成分及结构之间的相似性。[①] 具体上"不 A 不 B"构式中"A、B"遵循自然顺序原则和社会顺序原则。前者指时空的顺序，如"不上不下""不东不西""不先不后""不多不少"等；后者指尊卑、优劣等的顺序，如"不慈不孝""不男不女""不中不西"等。从语法角度上，A、B 大多数为双音词（知觉、慌忙、声响、见闻、规矩），且语素次序不可改变，如：

不知不觉、不慌不忙、不声不响、不见不闻、不规不矩、不言不语、不惊不扰、不惧不怕、不尴不尬、不上不下、不增不减、不完不备、不奴不婢、不饥不寒、不死不活、不明不白、不黑不白、不腐不败、不生不张、不干不净、不正不直、不勤不俭、不左不右、不偏不向、不加不减、不破不碎、不教不养、不东不西、不先不后、不喊不叫、不吵不闹、不偏不僻、不多不少、不缓不急、不公不平、不古不今、不慈不孝、不仁不义、不公不私、不道不德、不变不动、不干不燥、不繁不简、不强不弱

在"不 A 不 B"构式中，少部分构式可异序，这些可替换的 A、B 意义一般相同。如：

案例 ③ 按此等小事，原不足道，所可怪的，华官不明公理，西官也不见不闻。[《京话日报》1905-6-18]

案例 ④ 传闻京东长营下店一带，各砖瓦窑，私炉最多，夜聚明散，地方官不闻不见。[《京话日报》1905-2-19]

---

① 张敏：《认知语言学与汉语名词短语》，中国社会科学出版社，1998 年。

案例⑤ 我有事要求他什么事，他尚且不能依我什么事，莫讲是龌龊烂泥塑的，枯老木头雕的，不声不响，<u>不知不识</u>的那样东西，磕头碰脑，疯疯癫癫的去求他，他知道什么呢？［《杭州白话报》1902（2）：3］

案例⑥ 中国地大物博，人民四百兆，虽经此番创巨痛，深安在无自强之日，虽然默察事平之后，其号为良民者，固然<u>不识不知</u>，而悍慢之徒仍不改其仇恨外洋之见。［《杭州白话报》1902（31）：2］

除以上例子外，还有"不养不教 / 不教不养、不动不食 / 不食不动"。

（二）"不 A 不 B"构式的语法功能

考察发现，"不 A 不 B"构式主要作谓语，还可充当状语、定语等句法成分。

1. 作谓语

案例⑦ 你们自己想这种懒相，讨厌不讨厌有这种懒相的人，我料着他的被铺，必定不是天天收拾，满床的垃圾，永远<u>不刷不抖</u>，衣服也不常换，不洗浴，不刷牙齿，一屁股坐着椅子，如同癞婆鸡一般，好半天不肯立起，又不肯常常运动，久而久之，自然筋骨松懈，血脉停滞，这可不是大害身体幺？［《杭州白话报》1903（5）：8］

案例⑧ 以上各种私刑，在下亲眼见过，还有零星不要紧的小刑法，如坐板橙，揭太阳，刮肋条，浇冰灯，赶紧立工厂，要立工厂，千万不可摆场面，没有经费，挑容易做的，织蓆，编筐，搓绳子，打隔背，都可以办理，<u>不养不教</u>，犯了国法，再用私刑收拾，为民上的，问心安不安呀？［《京话日报》1905-4-10］

2. 作状语

案例⑨ 自从鸦片流毒中国，比作猛兽，比作洪水那糊涂的人受这个害，不知有多少了，说起吃大烟的人，当初也没有拿他当，要紧先尝一个尖儿，又

抽一个泡儿，漫漫的越抽越多了，<u>不禁不由</u>，可就染上了瘾了。[《敝帚千金》1906（12）：23]

案例⑩ 假如这时候，能有个一省的机关报，既可以调查铁路的情形，报告各地，又可以痛陈失矿的祸害，唤醒同胞，请问这关系可大不大么，这便是第二义。所以我们这个报，<u>不先不后</u>，<u>不迟不早</u>，恰恰的在今日，重新发生，安知不是天心悔过，要救安徽几万万人的性命，拿我们做一个导火绵呢？[《安徽白话报》1909（2）：4]

"不禁不由"指不由自主之意，出现在清代中期，如《儿女英雄传》第十六回："果然引动了那老头儿的满腹皮牢骚，不必等人盘问，他早不禁不由口似悬河的讲将起来。"

3. 作定语

案例⑪ 不论做一件什么事，都末有信实，那里能办银行呢？即如中国银行，上海天津等处，开设多年，究竟赢余多少，短绌多少，也从末有一本清帐，印将出来，或是登在报上，把大家看看，可见其中<u>不实不尽</u>之处，也不晓得有多少。[《杭州白话报》1902（28）：18]

案例⑫ 话说玫瑰花闻道有客相访，料是钟国洪来了，因急急打扮清楚，跑到厅上，却见那人头带风帽，身上穿一件<u>不新不旧</u>的布衫，那袖子足足有二尺二阔，面目焦黑，背子也驼了。[《中国白话报》1903（4）：49]

4. 作宾语

案例⑬ 如今这学校功课，虽也有许多<u>不完不备</u>，到了后来，却也逐渐改良，这表是初办时候，大家商量公定的，请你们诸位不要疑惑。[《中国白话报》1904（5）：61]

另外，"不A不B"加"的"构成"的"字短语，作主语的句法成分。

案例⑭ 正有如书上说道："一日暴之，十日寒之。"扶得东来西又倒，俨然是这个样儿，虽社会中人，未必尽属腐败，确居其多数，<u>不腐不败</u>的，亦势所难敌，况且习俗移人，最易传染，加之腐败社会的旧知识，同科学上的新知识，非但各不相涉，竟已截然矛盾，如冰炭，如水火的了。[《河南白话演说报》1908（133）：4]

二、"不Ａ不Ｂ"的语义特点

下面从构式中Ａ、Ｂ的语义关系和构式的语义关系两方面进行分析。

（一）Ａ、Ｂ的语义关系

1.同义或近义

案例⑮ 话说朱光祖正和双全决斗时节，忽来了一个旗官，众人便和他诉说情由，那知这旗官<u>不慌不忙</u>，却唤了几个亲兵，把朱光祖带了便要走，众人大哄道，反了反了，他来打抱不平的，莫非还是他不是，真是没有天日了。[《杭州白话报》1903（5）：21]

案例⑯ 这拳匪的模样，你道是怎样，他头上包着黄布，腰间系着黄带，还有大师兄，二师兄，这等名目，若说是正经为国家出力的人，那有这种怪异装束，<u>不僧不道</u>的名号，这明明与汉朝时节的黄巾贼党，并本朝咸丰年间的粤匪，毫忽无二了。[《杭州白话报》1901（7）：12]

类似构式还如：不声不响、不偏不歪、不慌不忙、不言不语、不知不觉、不公不平、不闻不问、不吃不睡、不哭不笑、不忠不孝、不明不白、不规不矩、不动不移、不惊不饶、不见不闻、不三不四、不偏不倚、不惧不怕、不尴不尬。以上构式在现代汉语中仍然使用。

另外还有一些构式，如"不完不备、不奴不婢、不止不撤、不僧不道、不孝不弟、不知不识、不闻不知、不捐不税、不癫不疯、不刷不抖、不实不尽、不耕不织"是白话报刊中使用的，而在现代汉语中不再使用。

2.反义关系

案例⑰ 话说玫瑰花闻道有客相访，料是钟国洪来了，因急急打扮清楚，跑到厅上，却见那人头带风帽，身上穿一件<u>不新不旧</u>的布衫，那袖子足足有二尺二阔。[《中国白话报》1903（4）：49]

类似的构式如：不死不活、不即不离、不雄不雌、不黑不白、不生不灭、不上不下、不增不减。

3.相关义

案例⑱ 少年人生损症，中国叫做痨瘵，西人叫做肺结核，这样病项难医治，男女有了这种病痛那些没有定亲的，顶好不定，定了没有讨的没有嫁的，顶好<u>不讨不嫁</u>，免得害人一世，男的讨了一个病女，死后还好再娶，女的嫁了一个病男，死后只好守寡。[《杭州白话报》1901（4）：1]

以上三种语义关系中，同义、近义为主，其他两种为辅。

（二）"不Ａ不Ｂ的语义关系

考察发现，此种构式的语义关系分为三类：表完全否定义、表部分否定义、表假设关系。分别举例如下：

案例⑲ 那知愈勤俭愈穷，实把勤俭两个字，当做受罪的刑法一般，所以嘴里说勤俭，心里总似乎有些害怕，在不得意的时候，没法人<u>不勤不俭</u>，只得咬着牙忍受，等得有点活动，便要想法儿图个舒服，享受安乐了，可见这勤俭二字，是个极不舒服，极不安乐的事。[《京话日报》1904-11-8]

案例⑳ 你看看我，就知道你的笨处，还可以教你点聪明。说罢，也拿把刀，跟甲一样的爬上去，爬到绳的根上，他的割法，是打手底下割，绳子可是割断了，飘飘荡荡的下来了，人却捏着一段割剩的绳头，挂在棚上，<u>不上不下</u>的，真正是要命，比摔下来的，还可怕。[《京话报》1903（4）：12]

案例㉑ 黄钟虽美，<u>不击不鸣</u>，青萍难利，<u>不磨不锋</u>，振聋启聩，激浊扬

清，果谁致此，伊报之功。[《女子白话报》1912（2）：5]

例⑲中"不勤不俭"通过对"勤"与"俭"的否定来强调对整个词语的否定，"不"否定的两个语素，因此为完全否定。类似构式还如：不慌不忙、不痛不痒、不识不知、不讨不嫁、不孝不第、不动不移、不捐不税、不惧不怕、不饥不寒、不吃不睡、不忠不孝、不飞不走、不寻不抽、不吵不闹。

例⑳中"上""下"为两个意义相反的词，表达的是事物对立的两个方面，对"上""下"的否定是不完全否定，表示既"不上"，也"不下"，而是一种中间的状态。类似构式还如：不生不灭、不增不减、不雄不雌、不黑不白、不左不右、不凉不热、不缓不急、不输不赢、不繁不简、不强不弱、不精不粗、不公不私、不官不商、不干不稀。

例㉑中"不击不鸣""不磨不锋"表达的是"如果不击打就不发声""如果不打磨就不锋利"，即表示一种假设的语义关系。类似构式还如：不吐不快、不攒不透、不证不明、不说不知。

三、"不 A 不 B"构式的语用价值

考察发现，此种构式用于口语语体中。例如：

案例㉒ 中国是我的国，我是中国四万万里的一个小民，我盼望中国强，我很怪中国怎么会不强啊？是了，如今我可明白了，原来没有天生不要强的人，<u>不教不养</u>，所以才成了现在的景象啊？[《京话日报》1905-4-17]

案例㉓ 顺天府立了公估局，怎么叫公估局呢？公是大公无私，<u>不偏不向</u>的意思，估是估量价钱的估，立这样的一个局子，专管定银钱的行市，前门外头，还要立一处分局，派委员老爷们经管。[《京话日报》1905-03-17]

例子"不教不养""不偏不向"都用于口语语体，"不 A 不 B"这种格式能

较好地表达说话人的感情色彩和心理活动，口语化较强①。

"不 A 不 B"构式更多表现在贬义和中性色彩。例㉒的"不教不养"即表示贬义色彩，类似的例子还如"不规不矩""不死不活""不中不西"等；例㉓的"不偏不向"即表示中性色彩，类似的例子还如"不干不燥""不哭不闹""不正不直"等。

通过考察的"不 A 不 B"构式的语法、语义及语用特征。发现在语法方面，A、B 以单音节的语素或词为主，A、B 的语法性质以谓词性为主；在语义方面，此种构式表达完全否定、部分否定及假设关系等三种类型，A、B 以同义或近义关系为主；在语用方面，此构式用于口语中，感情色彩以中性或贬义为主。

第二节　"又 A 又 B"构式

在白话报刊中出现了较多的"又 A 又 B"构式，有时出现多次连用。如：

案例①　后来有了塘沽铁路，可以坐了火车，直到北京，<u>又快又便</u>，所以来往官商，越觉热闹。[《杭州白话报》1901（11）：21]

案例②　你原来和那唐美图父子相识呢，那女郎名叫能智，生得天仙一般，只是每日没早没晚，口中不断的说什么么荣豪荣豪，原来荣豪正是你，这一席话说得荣豪<u>又惊又喜又悲又快</u>，回想唐美图父女情形，和拳打巡警的事体，恍忽好像隔了一世的光景。[《安徽俗话报》1904（13）：26]

我们对"又 A 又 B"构式进行语法、语义、语用等方面研究，试图发掘清末民初白话报刊时期这一构式的特点。

---

①　陈昌来，李传军：《现代汉语类固定短语研究》，学林出版社，2012 年。

一、"又A又B"构式的语法特点

我们从构式的内部构成和语法功能两方面分析。

（一）"又A又B"构式的内部构成

可分为两类，第一类是A、B为音节相同，例如：

案例③（问）天空里所有的星，我们都能够看得见吗？（答）又大又近的，可以看得见，又小又远的，就看不见了。[《安徽俗话报》1904（8）：30]

案例④ 这个武举力气狠大，又肥胖又高大，（哥萨克的兵队到底可怕呀）我们既然吃他不落到，不如改嫁与他，还可以自保身命。[《中国白话报》1904（6）：71]

类似的例子还如：又凄又惨、又新又光、又直又远、又苦又急、又气又笑、又愚又贱、又小又远、又深又曲、又悲又快、又病又饿、又伶俐又柔软、又肥胖又高大。

另一类是A、B音节不同。例如：

案例⑤ 这帕米尔地方大得狠哩，我也没有到过，听见说这地方就近着昆仑山，又广阔又高。[《中国白话报》1903（1）：8]

案例⑥ 裁驿归邮一说，虽然并没议准，近来外商两部，每逢有行各省的公文，全从邮政局传递为的是又快又稳当，所费有限，比驿站捷便的多。[《京话日报》1905-2-11]

类似的例子还如：又容易又快、又快又妥当、又快又整齐、又气又好笑等。

（二）"又A又B"构式的语法功能

考察发现，"又A又B"构式绝大多数作谓语，还可充当定语、补语。

1. 作谓语

案例 ⑦ 中国的生意，多要把外国人夺尽了，便是食盐一项，外国人算不曾夺去，现在洋盐又要进口来了，洋盐又细又白，比中国上白糖还要好，那一个不欢喜。[《杭州白话报》1901（6）：2]

案例 ⑧ 上岸之后，还不准便到内地，先关在一间板屋里头，这板屋又矮又小，关着许多的人，臭秽不堪。[《京话日报》1904-9-3]

2. 作定语

案例 ⑨ 黄帝觉得这种东西，很可以给百姓们做器具用的，比那又粗又笨的石头子，好得多哩。[《中国白话报》1903（4）：22]

案例 ⑩ 想我这等小民，未曾念过多少书，又不明白时事，更没有半品的官职，如同又聋又瞎的孩子一样，怎么懂得爱起国来呢。[《京话日报》1905-4-17]

3. 作补语

案例 ⑪ 那兰丝很难抽出来，既然是这样缫法，那丝质必定弄得又脆又糙，将来织成绢帛，很容易坏的。[《中国白话报》1904（18）：32]

案例 ⑫ 为何世人皆称非洲为黑暗洲呢，此并不是因为非洲没有太阳之故，其实非洲不但亦有太阳，而且世界上没有一处地方被太阳照得又热又亮过如非洲的，世人所以称非洲为黑暗洲。[《少年》1911（6）：3]

二、"又A又B"的语义特点

考察发现，"A"与"B"的语义上绝大多数属于同一意义方向，如：矮—小、高—大、尖—长、打—骂、惊—惧、气—恨、惊—怕、粗—笨、光—亮、冷—饿、贫—愚、饥—寒、贪—暴、愚—贱、凄——惨、弱—陋、苦—急、哭—笑、热—亮、气—恼、哭—恨、公—明、敬—爱、苦—涩。

同时，也有极少数"A""B"属于反义的，如：悲—喜、信—疑。

三、"又A又B"构式的语用价值

考察发现，此种构式用于口语语体中。例如：

案例⑬ 那平远广甲两舰，砲小甲簿，层层围裹，一面又用那顶大的开花砲，看准了座船上那座了楼，向空发，只听见轰的一声，把一座又高又大的了楼，登时打折了楼上的人，一齐堕海。[《杭州白话报》1902 第二卷（12）：23]

案例⑭ 各种样子参合越来，拿通行的话演成书，又浅又显又简捷，就是妇女小孩们，一看也明白，不识字的一听也知道，你说好不好哩。[《中国白话报》1903（2）：12]

第三节　"一A一B"构式

在白话报刊中出现了较多的"一A一B"构式。例如：

案例① 既是这样，做父母的一言一笑，一举一动，都要老成庄重，留个好好的样子，给小孩子学习，若是家庭的风范，既然不正，还想有个佳子弟，这不是很难的事情么。[《安徽俗话报》1904（15）：19]

案例② 若说那一班女子，要找出一个识字的人，如同沙里淘金，真正不得容易，到是他们外国，不论一乡一镇，都有几个学堂，小孩子七岁以上，无论男女，都要到学堂里去。[《杭州白话报》1901（2）：1-2]

作为一种理论，构式语法由于其具有较强的解释力和语言习得的实际证据，其影响力日益扩大。戈德堡（Goldberg 2013）认为，"任何语言格式，只要其形式或功能的某些方面不能从其组成部分或其他已经存在的构式中得到完全预测，就应该被看作是一个构式。此外，即使有些语言格式可以得到完全预测，只要它们的出现频率很高，这些格式仍然会被语言使用者存储为构式。"①
下文我们对"一A一B"构式进行语法、语义、语用等方面研究，试图发掘清
末民初白话报刊时期这一重要构式的语言特征。

一、构式中A、B限制条件

考察发现，"一A一B"构式中A、B的词性均相同，具体可分为以下四
种类型：

（一）A与B为名词

根据语义特征，进入此构式的A、B包括时间、处所、方位、指人、事物
等名词。例如：

案例③问：第一种什么动法。答：叫做日动，那地依了中心，从西面
向着东面，转动一回，却要二十四点钟，便合着一日一夜。[《杭州白话报》
1901（1）：2]

案例④一族有一族的自治团体，一乡有一乡的自治团体，一堡有一堡的
自治团体，一邑有一邑的自治团体，推而至于一市一村，一坊一业，都有自治
团体，要能够全国如是，那怕他千军万马，也不能冲突这个自治团体呢，呵
呵！[《杭州白话报》1902（3）：1-2]

案例⑤节，竹节的节，每节当中空处，彼此不通，外面节旁生枝，上下
两枝，必是一左一右，凡人做事，有一定的分寸，如同竹子生节似的，所以叫
有节。[《京话日报》1904-10-20]

案例⑥这种茧将来变了蛾，配合起来，那种子一定是顶好的了，譬如有
一男一女，那身体一样的肥胖，性情一样的活泼，面貌一样的生得好，这两个

---

① 〔美〕Adele E.Goldberg、吴海波译：《运作中的构式：语言概括的本质》，北京大学出版社，2013年。

若果做了夫妻，他生的儿子，一定不坏的了。[《中国白话报》1903（3）：69]

案例⑦ 这政体两字，是说做政事的体统，某朝代章程规矩怎么样，就叫做某朝代政体怎么样，中国古老时候，那些百姓，各人只顾着各人自己的<u>一家一族</u>，散散漫漫，说起来好笑的狠哩。[《中国白话报》1903（3）：7]

由时间名词形成的构式还如："一生一世、一朝一夕"；由处所名词形成的构式还如："一乡一镇、一乡一城、一府一县、一州一县"；由方位名词形成的构式还如"一前一后"；由指人名词形成的构式还如："一夫一妇、一妻一子、一人一姓、一身一家、一子一女"。由事物名词形成的构式还如："一心一意、一水一火、一草一木、一事一物、一刀一枪、一枪一剑、一马一枪、一树一木、一捶一脚、一步一跛、一言一听、一枪一炮、一字一句"。

（二）A 与 B 为动词

根据 A 与 B 进入此构式的意义可分为近义动词和反义动词。例如：

案例⑧ 按马玉崑词意之间，<u>一推一挪</u>，<u>一打一敲</u>，看他的说话语气，说是练兵为要，但是筹饷为急，说是我兵可以御侮，但是兵力太单。[《杭州白话报》1902（31）：1]

案例⑨ 学了几句外国语言，读过几本外国书籍，<u>一举一动</u>，<u>一言一语</u>，无非是颂扬西国，崇拜外人。[《杭州白话报》1902（19）：1]

案例⑩ 第四条，凡客寓旅人，<u>一出一入</u>，须由官将旅券查验清楚，才准放行，看了这种情形，日本预先的防范，也可谓周密的了。[《杭州白话报》1902（29）：57]

案例⑪ 若是有人被雷打死，还有个救活的法子，你道是什么法子呢，就是灌些水到肚子里去，再用手在他胸门口上，<u>一压一放</u>好几次，等到他有了呼吸的气，那时就快复活过来了。[《安徽俗话报》1904（3）：40]

由近义动词构成的构式还包括："一举一动、一言一语、一冲一激、一敲一击、一摇一摆、一惊一喜";由反义动词形成的构式:"一涨一缩、一惊一喜、一跷一跌、一来一往、一问一答、一进一出"。

(三)A与B为形容词

考察发现,A与B进入此构式时意义相反。例如:

案例⑫ 世上无论一件什么东西,<u>一好一丑</u>,两下里比较起来,人人都要那好的,不要那丑的,这是一定的人情。[《安徽俗话报》1904(13):1]

案例⑬ 他问起王阳明,你也不晓得,他问起支那哲学派别,你也莫名其妙,面孔<u>一红一绿</u>,到这时候才觉得难为情,也来不及了。[《中国白话报》1904(8):7]

由形容词形成的构式还如:"一强一弱、一好一歹"。

(四)A与B为量词

考察发现,A与B进入此构式时意义相关。例如:

案例⑭ 凡外国人,有损害他国内<u>一丝一毫</u>的权利,要看得同辱我的身子一样,便是极大的事。[杭州白话报1902(12):7]

案例⑮ 章程未曾议定,现在已派委员,到各府去设分局,唉!这许多银子,<u>一毫一厘</u>,都是从百姓身上刮削下来。[杭州白话报1901(9):1]

需说明的是,"一A一B"构式不包括A、B为相同量词构成的格式,包括:"一块一块、一处一处、一阵一阵、一日一日、一回一回、一件一件、一层一层、一滴一滴、一项一项、一步一步、一道一道、一株一株、一排一排、一桩一桩、一个一个、一摊一摊、一群一群、一段一段、一点一点、一步一步"等。

二、构式的句法功能

"一A一B"的构式的句法功能较为多样,包括主语、谓语、宾语及定语。

例如：

案例⑯ 那副长官含着一腔血泪，演说一番，他说道，敌人侵入我土地，同胞性命，都在这一班少年中，蒙辱以生毋庸死，少年须做万人雄，祖宗留下的土和地，<u>一草一木</u>都有汗血功，今日拼着我的头颅和颈血，要换我祖国的光荣。[《杭州白话报》1902（23）：1]

案例⑰ 今天天气怪闷得紧，何不一同野外走走，换些新鲜空气，总比在家闷坐着强得多哩，老者答应一声，便在堂门后面，捡了一枝半新半旧的拐杖出来，<u>一跷一跌</u>，缓缓的踱出门外。[《杭州白话报》1903（1）：1]

案例⑱ 有人说，世界只有强权，没有平权，咳！世界何尝没有平权呢，不过平权这两个字，是两下都是平等，才能够两下都享着这平等的权利，倘然是<u>一强一弱</u>，那弱的这个人，他自己连身子还保不住，如何还能够分享一切的权利呢？[《杭州白话报》1902（31）：4]

案例⑲ 今年岁考，明年乡考，后年会考，那命运凑上的，做了官，赚些银钱，封妻荫子，荣耀乡里，便算是他<u>一生一世</u>的正经大事了。[《杭州白话报》1902（28）：47]

例⑯的"一草一木"为主语；例⑰的"一跷一跌"为谓语；例⑱的"一强一弱"为宾语；例⑲的"一生一世"为定语。"一A一B"构式的句法功能分布与A、B的词性有一定关系，二者为名词性成分整个构式常作主语和宾语，A与B为动词性成分时构式常作谓语。

三、"一A一B"的构式义

每种构式都具有一定的构式义。戈德堡（Goldberg 2007）提出，"构式并非只有一个固定不变的、抽象的意义，而是通常包括许多密切联系的意义，这些意义共同构成一个家族。"① 作为"一A一B"构式意义并不是单一的，具体可分为两种情况。例如：

案例⑳ 黄辅年纪大了，早已无志功名，再是他别有一种见解，说道我们一生出世，便受着一点污点，除非是轩辕复生，神禹再世，才能够洗涤清白，平常时和人说话，一句儿也说不拢，因此得了一个称呼，叫做九龙山呆道人，他膝下一子一女，子名自强。[《杭州白话报》1903（12）：56]

案例㉑ 你道这资格到底怎样呢？（一）有道德；（二）有知识；（三）体魄强健，以上三项都是由平日训练出来的，这训练的工夫，也非一朝一夕。

例⑳中"一子一女"属于第一种构式，其构式义为加合义，即"一子"与"一女"两部分加合形成，类似的构式还如："一夫一妇、一妻一子、一人一姓、一身一家"等。例㉑中"一朝一夕"属于第二种构式，其构式意义为隐喻义，即通过"一个早晨或一个晚上"相关概念的整合而产生新的意义，特指非常短的时间。类似的构式还如："一心一意、一生一世、一草一木、一枪一炮"等。

四、构式的语用价值

考察发现，此种构式主要用于口语语体中。例如：

案例㉒ 我们初次说话，难道就没有信实吗？报式，里头的字，是排印的，那种纸张，是用着外国纸顶干净的，外面是洋装的，和外国书一式一样，你道好看不好看。[《中国白话报》1903（1）：1]

案例㉓ 全路两万多里，十四天工夫可到，本来要铺双轨。（毚车的铁条叫轨，双轨是两条路，一来一往，不致碰撞）[《京话日报》1904-8-20]

---

① 〔美〕Adele E.Goldberg. 吴海波译：《构式：论元结构的构式语法研究》，北京大学出版社，2007年。

上述例句中的"一式一样"与"一来一往"皆用于口语中，例㉒的"你道好看不好看"，例㉓的解释性语句"墅车的铁条叫轨 双轨是两条路 一来一往 不致碰撞"，这两处都体现出鲜明的口语语体色彩。

以上对"一A一B"构式从句法、语义及语用等方面进行详细而深入考察，构式中"A、B"词性相同，可为名词、动词、形容词及量词，构式的句法功能较为多样，包括主语、谓语、宾语、定语。构式义可分为加合义和隐喻义；此构式主要用于口语语体。

第四节　比况构式

基于构式语法理论，我们将含有"似的、一样、一般"等比况助词的构式称之为比况构式。学界对这一构式的研究，主要考察比况短语的类型和构件。如吴仲华（2005）对比况短语中的"跟X一样/似的"格式的内部构成和结构义做了细致考察。①

下面首先考察白话报刊比况构式的结构类型，然后重点对"（S）X一般"从结构类型、表现形式、句法功能、构式义及语用价值等方面考察进行考察，力图了解清末民初比况构式的特征。

一、比况构式的结构类型

考察发现，比况构式的结构类型分三种：（S）X一般、（S）X一样、（S）X似的。例如：

案例①常言说道：妻子如衣服，兄弟如手足，这是怎么的呢？妻子也是

---

① 吴仲华：《比况短语中的"跟X一样/似的"格式》《湖北成人教育学院学报》，2005年第5期。

骨肉至亲，虽然再要亲切没有的了，究竟比不得兄弟，兄弟同为父母遗体，比况着自己身子，<u>就如手足一般</u>。[《河南白话科学报》1908（17）：2]

案例②　千年芝加角开世界博览会，有美国盐商几十家，合股聘了一个技师，用盐二十一吨，塑成一个盐的自由神，放在博览会里，神像用盐五吨，立神像的台用盐十六吨，高一丈二尺，那台是琥珀颜色的盐制成的，神像头上装了电灯，到了夜里，燃起电来，照得通身玲珑，<u>同水晶一样</u>。[《少年》1911（7）：4-5.]

案例③　那云里含的水气，升到空中，被冷气一逼，便冻成冰水粒，从上而下，在大气里头旋转，<u>仿佛摇元宵似的</u>，越滚越大，便成了冰雹。[《京话日报》1904-8-21]

例①"如手足一般"中"S""X"分别是"如""手足"；例②"同水晶一样"中"S""X"分别是"同""水晶"；例①"仿佛摇元宵似的"中"S""X"分别是"仿佛""摇元宵"。以上例中的"S"为搭配动词，"X"为附着对象，为名词性或动词性词语，其中以名词性词语为主。

二、"（S）X一般"比况构式

在白话报刊中，"（S）X一般"比况构式出现较多，下文将从构式的表现形式、句法功能、构式义及语用价值等方面探讨。

（一）构式的表现形式

此构式先分两类：X一般、SX一般，前者无S，后者有S。例如：

案例④　你原来和那唐美图父子相识呢，那女郎名叫能智，<u>生得天仙一般</u>，只是每日没早没晚，口中不断的说什么么荣豪荣豪，原来荣豪正是你，这一席话说得荣豪又惊又喜又悲又快，回想唐美图父女情形，和拳打巡警的事体，恍忽好像隔了一世的光景。[《安徽俗话报》1904（13）26]

案例⑤ 问：地是什么样子。答：是平圆的，<u>如同福橘一般</u>，所以叫做地球。[《杭州白话报》1901（1）1]

"SX一般"可细分九种类型，包括"好像X一般、好比X一般、好似X一般、像X一般、像似X一般、仿佛X一般、如同X一般、如X一般、同X一般"。例如：

案例⑥ 如今且不论外国，不论外国药水，中国的膏粱烧酒，未有渣滓，也未有颜色，<u>好像清水一般</u>，怎么样要吃得醺醺大醉呢？[《杭州白话报》1901（9）：2]

案例⑦ 有一个直线，远入四方，直到天空，没有边界，那平面<u>好比磨刀石一般</u>，这就叫地平线，然而人的眼睛望见的地方，活像是很平的，其实那地的形式，好像一个圆球。[《敝帚千金》1905（8）：21]

案例⑧ 马江九见一时不能取胜，就想出一个长久之计，传令三军，筑起一座土营，<u>好似铜墙铁壁一般</u>，英兵见马江九筑营固守，也札住营盘，紧紧守住。[《杭州白话报》1901（7）：3-4]

案例⑨ 这海口名叫大沽口，天生成的形势，极其险要，向称为北洋门户，原有四座极高大雄壮的炮台，东西对峙，分明<u>像老虎的门牙一般</u>，各派重兵保守。[《杭州白话报》1901（7）：12－13]

案例⑩ 你道这太阳远不远么，你们望这太阳，<u>真像似烙红的铁磨一般</u>，都说这太阳并不甚大，那知计算起来，太阳还比地大，一百四十万倍。[《杭州白话报》1901（18）：3]

案例⑪ 这瘤子有生长在脸上的，有生长在身上的，大小不同，无论长在那儿罢，总算是累赘人的东西了，所以又叫赘瘤。鄙人可就有这们一个病儿，偏偏的生长在，右边腰椎骨上头，这个瘤子，我带在身边，就<u>彷佛装银子的口袋一样</u>，有三五十年了。[《敝帚千金》1905（9）：48]

案例⑫ 问：地峡是怎么讲的。答：是两大块陆地，中间忽然缩小的地方，如同人腰一般，所以又叫做土腰。[《杭州白话报》1901（2）：4]

案例⑬ 他便倚仗教士的势力，要占便宜，告到官府，那官府也袒护教民，动要平民赔他不是，以至平民吃亏，大家怀恨在心，便看了教民，如蛇虎一般，大为地方之害。[《杭州白话报》1901（5）：8]

案例⑭ 常常讲说，年纪大了，亲戚朋友来往，也常常有这种话灌进耳里，日长月久，便深深印入脑中，永远不忘，居然信奉俗语，同圣经一般孔夫子做的书唤圣经，每每遇着谈天做事，便要引用俗语。[《杭州白话报》1901（12）：1]

以上例句中"S"为动词，包括"好像、好比、好似、像、像似、仿佛、如同、如、同"等，"X"为名词或名词性性词语，包括"水盆、磨刀石、铜墙铁壁、老虎的门牙、烙红的铁磨、装银子的口袋、人腰、蛇虎、圣经"。

（二）构式的句法功能

考察发现，"（S）X一般"构式作谓语是占主导的句法功能，同时还作宾语、定语和状语。例如：

案例⑮ 巴拿马系美国南境地名，此地一面通太平洋，一面通大西洋，中间隔着这块旱地，形如蜂腰一般，以致两洋船只能往来。[《京话日报》1904-11-28]

案例⑯ 汉字初创造时，是个篆文，篆文以形为主，类如日月鱼鸟等篆，都是如同画图一般，日字画成圆形，月字画成半圆形。[《河南白话科学报》1908（18）：4]

案例⑰ 我们的身家财产，岂不都送在他手里么，眉头一绉，计上心来，就放出那一付虎狼似的手段。[《杭州白话报》1901（17）：4]

案例⑱ 某处房屋，碰着电火，一霎时毕毕剥剥的烧起来，那时天落大雨，

好像水盆一般的倒下来，无奈火势太猛，赛过火上浇油，越烧越旺。[《杭州白话报》1901（1）：1]

例⑮中"如蜂腰一般"作"形"的谓语；例⑯中"如同画图一般"作"是"的宾语；例⑰中"虎狼似的"作"手段"的定语；例⑱中"好像水盆一般"作谓语"倒下来"的状语。

（三）"（S）X一般"的构式义

每种构式都有其构式义，并且具有不可预测性（Unpredictability）。构式赋义即构式内部各构件组配的结果，也就是概念整合产生的"浮现意义"。而比况构式"（S）X一般"的构式义是"用甲事物来比较乙事物"，甲乙两事物之间可同质，也可不同质。例如：

案例⑲ 依我说起来，中国的人，都和我的同胞弟兄一般，同胞弟兄，莫非可以两样看待的么。[《杭州白话报》1901（3）：1]

案例⑳ 这些官吏，他本是替我们百姓办事的，就像店里请的伙计一般，老板若果不糊涂，那伙计怎敢天天弄弊黑着心肝开糊涂账呢。[《中国白话报》1903（1）：3]

案例㉑ 问：岬是怎么讲的。答：是一条陆地，突然伸出海洋，如同人脚一般，所以又叫做土股。[《杭州白话报》1901（2）：4]

案例㉒ 江水过了重庆，就如飞箭一般，一直向东北流去，到了夔州，就是湖北共四川交界，这地方的形势，危险的了不得。[《中国白话报》1904（5）：19]

例⑲与例⑳的比况构式中甲乙两事物都是同质的，前者"中国的人"与"我的同胞弟兄"进行比较，后者"这些官吏"与"店里请的伙计"做比较，因而这两例的构式义是"用甲事物比较乙事物"。例㉑与例㉒的比况构式中甲乙两事物都是异质的，前者"岬"与"人脚"进行比较，后者"江水"与

"飞箭"做比较，因而这两例的构式义是"用甲事物比喻乙事物"。简言之，"（S）X 一般"的构式义是"用甲事物来比况乙事物"，具体根据甲乙两事物是否同质可分为两种小类，即"用甲事物来比较乙事物"与"用甲事物来比喻乙事物"。

（四）构式的语用价值

考察发现，"（S）X 一般"构式用于口语语体中，其语用价值表现在描写性上，通过对甲事物进行比较描写，使得事物更加形象化和生动化。例如：

案例 ㉓ 那四面打来的弹子，竟如落雷阵雨一般，横空乱飞，不计其数，但听得租界四面的房屋，一阵一阵的如山崩海泻。[《杭州白话报》1901（11）：23]

案例 ㉔ 美洲的山，是个南北脉，但山脉的内容，还是东趋，所以美洲的地形，同胡蝶一般。[《中国白话报》1904（16）：10]

案例 ㉕ 只要是个名角，任凭演的怎样无理，喝彩的声音，彷佛连珠砲一般，这种声音，实是从肺腑发出。[《京话日报》1904-11-29]

案例 ㉖ 这就是火山的道理，什么叫温泉，是由地中喷出来的水，不必用火点他，自然就是热的，好像沸腾的水一般，是因为这水的根源，深入地球的内部。[《敝帚千金》1906（11）：4]

比况构式中，作为乙事物的"X"具有通俗化的特点，以上四例出现的"落雷阵雨""蝴蝶""连珠炮""沸腾的水"都是较为常见的客观事物，这与白话报刊的面向的中下层的受众有着密切的关系。

第五节　"A 来 B 去"构式

白话报刊中出现了较多的"A 来 B 去"构式。如：

案例① 马车来了，若是坐的洋人，飞凤也似的<u>跑来跑去</u>，那红头巡捕，连眼稍儿也不敢瞧他一眼。[《杭州白话报》1903（8）：21]

案例② 后来这个坟，叫暴雨劈雷冲毁了，看起来，还是天理要紧，还有好些个讲风水的，<u>讲来讲去</u>，自己也胡涂了，没的可说了。[《敝帚千金》1904（2）：14]

我们对"A来B去"构式进行语法、语义、语用等方面研究，试图发掘清末民初白话报刊时期这一构式的特点。

一、"A来B去"构式的语法特点

我们从构式的内部构成和语法功能两方面分析。

（一）"A来B去"构式的内部构成

可分为两类，第一类是A、B为音节相同，例如：

案例③ 同治年间派了他，他想查出真凭据，方才服得洋人住，查出心肝人眼睛，好将教士定罪名，<u>查来查去</u>全无有，空言塞不住洋人口。[《杭州白话报》1901（2）：3]

案例④ 听着老女人家，说那长毛子未反以前，人家女儿是小姐，无论是少奶奶，平日<u>轿来轿去</u>，到了这会，也不免寸步难挨。[《安徽俗话报》1904（7）：36]

案例⑤ 他就自满自足，扬扬得意，自以为人都怕他，也都爱他，自以为尊荣福乐，篱无一失了，没想到<u>一来二去</u>的，上了年纪了，力气衰败。[《敝帚千金》1905（9）：37]

案例⑥ 夏天打雷阵雨时候，空中闪烁有光，<u>忽来忽去</u>，连那黑暗房屋，都照同白昼一般，这光不是叫做电光么[《杭州白话报》1901（22）：11]

考察发现，"A"与"B"的词性以动词为主导，如：

跑来跑去、飞来飞去、游来游去、变来变去、看来看去

走来走去、荡来荡去、流来流去、跟来跟去、骑来骑去

蹀来蹀去、闯来闯去、挨来挨去、爬来爬去、捱来捱去

夺来夺去、逛来逛去、走来走去、挤来挤去、比来比去

拍来拍去、弄来弄去、想来想去、摔来摔去、唱来唱去

算来算去、说来说去、开来开去、摩来摩去、读来读去

颠来颠去、摸来摸去、推来推去、讲来讲去、闹来闹去

考来考去、骗来骗去、忧来忧去、挪来挪去、让来让去

"A"与"B"的词性除了动词外，还有名词、数词和副词。名词的还如：

时来时去、春来秋去

另一类是A、B音节不同。具体可分为两小类：一类是A、B意义相近。例如：

案例⑦ 方振汉也急欲将此事告诉光复会各会员，两人只在檐下，<u>蹀来蝶去</u>，心里七上八下，大有风鹤皆兵的情景，方振汉道，我们既刺了张止东，应该十分快意。[《中国白话报》1904（9）：63]

案例⑧ 我尝西洋人到了夏天，有钱的都顶要迁到别处，也因为城市上，住的人太多，空气总不能够洁净，<u>呼来吸去</u>，总是些浊气。[《安徽俗话报》1904（10）：38]

类似的例子还如：

摇来荡去、游来逛去、翻来覆去、跌来碰去、哼来喝去

拥来挤去、挨来挤去、呼来喝去、思来想去、翻来阅去

另一类是A、B意义相反，例如：

案例⑨ 我们做百姓们的，总要存一个夺回的心思，须知道我们中国人，任凭<u>活来死去</u>，万万逃不出中国人三个字的衔头，何苦来要做汉奸，要做卖国

贼呢？[《杭州白话报》1902 第二卷（30）：2]

（二）"A 来 B 去"构式的语法功能

考察发现，"A 来 B 去"构式绝大多数作谓语，还可充当宾语、定语及状语。

1. 作谓语

案例⑩ 若是差一刻半刻，事便不能成功，懒惰的人，他的脾气，总不肯一件事到了面前，立起身便做，捱来捱去，上午的事，捱到下午，下午的事，捱到明朝。[《杭州白话报》1903（5）：8]

案例⑪ 这妇人立刻的连夜坐了一个小船，往美营去了，可巧这夜风雨大起，这船在江中摇来荡去，差一点儿没有沉了。[《京话报》1903（2）：11]

2. 作宾语

案例⑫ 以我们听这雷声，觉得翻来覆去，甚觉长久，有时候，空中电气，触着树木，触着人物，树木也枯了，人物也死了，你们看到电学书，便都明白。[《杭州白话报》1901（22）：12]

案例⑬ 那些苍蝇听说，都笑着说道，你也是游来逛去，不做什么事情的，怎么还来责备我们哩。[《京话报》1903（1）：2]

3. 作定语

案例⑭ 我还听见那磕磕硫硫的老太婆，瘪着嘴儿，曲着腰儿，喉咙里还有那呼噜呼噜的痰声，跌来碰去的向这辈做娘的人讲道："难看呀，难看呀！"[《杭州白话报》1902 第二卷（5）：1]

案例⑮ 这时候吃的东西，都是靠着山里野兽，树裹野鸟，把他打下来，就胡乱拿来吃一两吨，天天跑到山里去打野兽野马，觉得很费事的，有一天大家走到河边一看，哈哈，那河里面也有许多跑来跑去的东西，这岂不是给我们吃的么。[《中国白话报》1903（1）：11]

4. 作状语

案例⑯ 他就自满自足，扬扬得意，自以为人都怕他，也都爱他，自以为尊荣福乐，篙无一失了，没想到<u>一来二去</u>的，上了年纪了，力气衰败。[《散帚千金》1905（9）：37]

二、"A来B去"构式的语义特点

在"A来B去"构式中，"A""B"的词性主要表现为动词，基于此我们考察"V来V去"的语法意义。例如：

案例⑰ 庄子说是一部古书的名目，大块噫气，是名为风，这句话颇有意思，但没有解得明白，现在明白的人，说道这风字的解说，便是空气成流，那地球四围的空气，霎时间受热不等，彼此改变动荡，<u>流来流去</u>，便成为风。[《杭州白话报》1901（22）：11]

案例⑱ 俗语说人要衣裳马要鞍，若是穿一件旧衣服，煤呼呼的，一股子晦气颜色，油晃晃的，两只大袖子，<u>捽来捽去</u>，成什么样子，就是脸儿长得好看，也不出色了。[《京话报》1903（2）：4]

例⑰中的"流来流去"表示的动作"流动"的反复进行，例⑱中的"捽来捽去"表示"捽"的反复进行。

类似的"V来V去"还如：

跑来跑去、飞来飞去、游来游去、变来变去、看来看去

走来走去、查来查去、荡来荡去、跟来跟去、骑来骑去

踱来踱去、闯来闯去、挨来挨去、爬来爬去、捱来捱去

夺来夺去、逛来逛去、走来走去、挤来挤去、比来比去

拍来拍去、弄来弄去、想来想去、让来让去、唱来唱去

算来算去、说来说去、开来开去、摩来摩去、读来读去

颠来颠去、摸来摸去、推来推去、讲来讲去、闹来闹去

考来考去、骗来骗去、忧来忧去、挪来挪去

因而，我们可以说"X来X去"的语法意义是表示动作的反复进行。

三、"A来B去"构式的语用特点

考察发现，"A来B去"构式适用于口语中，具有鲜明的口语语体色彩。例如：

案例⑲ 有一天伸出头来，往上一看，哦，看见了一只老鹰，伸着两只翅膀，在半天空里，自自由由的<u>飞来飞去</u>呢。[《京话报》1903（2）：5]

案例⑳ 家里的人，就来多嘴，说道："你天天要开民智，<u>开来开去</u>，连旧日的朋友都开不通，照此办下去，恐怕永世没有如愿的日子。"[《京话日报》1904-12-31]

例⑲中"飞来飞去"与语气词"呢"连用，例⑳中"开来开去"前面有"（家里的人）说道"的表述，用于口语语体中。

第六节 "愈A愈B"构式

白话报刊中出现了较多的"愈A愈B"构式。如：

案例① 从明朝到清朝，葡萄牙人<u>愈来愈多</u>，竟当做自家的土地一般永远住着不去，到光绪十二年，因洋药要关税厘金，两项一同收捐。[《杭州白话报》1901（16）：1]

案例② 随后因为有道教佛教，这班读书人，也要说孔子是儒教，到了现在，又把孔教并耶教并言，真真是<u>愈出愈奇</u>了。[《中国白话报》1904（13）：26]

下文我们对"愈A愈B"构式进行内部构成、语法特点及语义特点等方面

研究，试图发掘清末民初白话报刊时期这一构式的特点。

一、"愈 A 愈 B"构式的内部构成

（一）A、B 的音节数量

考察发现，A 与 B 绝大多数为单音节，少部分表现为 A 为单音节，B 为双音节。分别举例如下：

案例 ③ 到得离京不过八九十里的地方，忽然遇着大股拳匪，将薛慕尔围困定了，起初也打几仗，后来竟<u>愈聚愈多</u>，人有几万。[《杭州白话报》1901（10）：18]

案例 ④ 朱氏一家，人多物多，倒也有点儿难以掩饰，威兄如此，竟以此事奉托，总须探听大江兄一个切实下落，然后再作道理，大家连声道是，陈飞卿道，事已到此，<u>愈静愈妥当</u>，徒然张皇，有何益处。[《杭州白话报》1903（14）：70]

A 与 B 为单音节的还如：

愈种愈多、愈积愈厚、愈传愈弱、愈战愈勇、愈积愈多

愈弄愈大、愈分愈细、愈出愈奇、愈干愈多、愈快愈妙

愈用愈强、愈涨愈高、愈趋愈下、愈想愈精、愈结愈固

A 为单音节，B 为双音节还如：

愈静愈野蛮、愈红愈野蛮、愈用愈健故、愈过愈空疏

（二）A、B 的词性

考察发现，"愈 A 愈 B"构式中 A 的词性以动词为主导，占 78%，形容词占 22%。分别举例如下：

案例 ⑤ 人一天穷一天，种一天坏一天，不知不觉，渐渐的人口减少下来了，白种人却是子生孙，孙又生子，<u>愈生愈旺</u>，年深月久，便多是白种人，那

土种竟被白种灭绝了。[《杭州白话报》1901（14）：3]

案例⑥ 一个人不论做什么事，总要愈<u>快</u>愈<u>好</u>，午前要做的事，如午前不做，捱到午后，午后的事，又出来了。[《杭州白话报》1903（5）：9]

A 为动词的还如：争、种、聚、变、来、考、扯、传、打、战、用、进、弄、发、读、出、分、干、想、用、涨、结

A 为形容词还如：大、红、静、高、多

构式中 B 的词性以形容词为主导，占95%，个别为动词或动词性词语。分别举例如下：

案例⑦ 我汉种的势力范围，就愈弄愈<u>大</u>，这也是优胜劣败天演的公例，毫不希奇的还有大大体面的事呢。[《中国白话报》1903（1）：75]

案例⑧ 到了后世，做皇帝的日尊，做臣子的日卑，皇帝看臣子，同畜生一般，一点儿不恭敬，所以好人愈过愈少，治道愈过愈<u>退</u>。[《中国白话报》1904（11）：24]

B 为形容词的还如：野蛮、妥当、多、坏、好、旺、厚、大、长、弱、懦、勇、好、妙、精、小、奇、细、空疏、放肆、盛、强、灵、高、固。

二、"愈 A 愈 B"构式的语法功能

考察发现，"愈 A 愈 B"构式以作谓语为主导，少数可作宾语或补语。分别举例如下：

案例⑨ 那闵氏自从掌了大权之后，又贪又暴，专一虐待百姓，要百姓的钱财，生平又最恨的是维新两字，事事与开化党为仇，所以守旧党<u>愈聚愈多</u>。[《杭州白话报》1902 第二卷（1）：2]

案例⑩ 苦学生既是贫寒，那里来的资本，这就仗着父母所遗的筋力，上天所赋的智慧，筋力是<u>愈用愈强</u>，知慧是越开越进。[《京话日报》1904-

9-24]

案例⑪ 况且中国的一班读书人，又要说一种偃武修文的呆话，把武事看得很轻，一点儿不晓得振作，所以中国的兵力，就弄得<u>愈来愈弱</u>了。[《中国白话报》1904（11）：9]

例⑨中"愈聚愈多"作谓语，例⑩中"愈用愈强"作宾语，例⑪中"愈来愈弱"作补语。

三、"愈 A 愈 B"构式的语义特点

考察发现，"愈 A 愈 B"构式表示"由于某种动作的影响使得性状逐渐增强"的语义特点。例如：

案例⑫ 脸上全是斑斑落落，凸出的点子，血管<u>愈放愈大</u>，愈扯薄，愈扯薄，愈容易破坏[《杭州白话报》1902（30）：2]

案例⑬ 这几位本无战心的统领，看看日本兵将，<u>愈战愈勇</u>，只吓得心惊胆裂，便你也要想逃，我也要想逃，弄到后来，率性彼此不相关照，竟各归各的弃城而走。[《杭州白话报》1902 第二卷（21）：41]

例⑫中"愈放愈大"表示在"放"的动作下逐渐变大，例⑬中的"愈战愈勇"表示在"战"的动作下逐渐勇敢。

四、"越 A 越 B"构式

在白话报刊中，与"愈 A 愈 B"构式具有相同语义特点的还有"越 A 越 B"构式。例如：

案例⑭ 那人民土地，方才占夺下来，但是这个办法，还是手对手，硬碰硬，没有一个不知道他是我们的大敌，自然大家发愤，一齐儿和他为难，也有仍然把土地夺回来的，无奈外国人的心思，<u>越用越狠</u>，计策<u>越变越巧</u>，他要

占夺我的土地，也不要用着兵力，他只须威吓着我们的政府。[《杭州白话报》1902 第二卷（28）：1]

案例 ⑮ 山顶上的野草，就是当日极深的林，更有当日的树林，现在已绝了种的，也有树叶林木，<u>越变越结实</u>，化成石头的，所以现今的煤矿，就是古来的树林。[《中国白话报》1903（4）：11]

考察发现，构式中 A 为动词，如例 ⑭ 中的"用""变"，B 为形容词，如例 ⑭ 中的"狠""巧"，例 ⑮ 中的"结实"。

"越 A 越 B"构式还如：

越看越多、越来越多、越变越少、越添越多、越造越多

越烧越旺、越传越广、越行越广、越传越多、越饮越多

越聚越多、越想越难、越造越精、越做越好、越逼越近

越听越近、越用越狠、越变越巧、越聚越多、越显越大

越出越多、越久越多、越变越结实、越看越难过

越多越富强

第七节　"可 A 可 B"构式

白话报刊中出现了较多的"可 A 可 B"构式。如：

案例 ① 人若有了学问，必定有爱国的心，学问是从那里来的呢，必定是学来的，是从那里学来的呢，必定是先生教的，唉！今日想到我们中国的教育，实在是<u>可痛可耻</u>。[《中国白话报》1904（11）：69]

案例 ② 我看你们，身居大海，并没有福享受，整天的担惊害怕，为一个大鱼，也值当的这样慌张忧虑么，实在是<u>可愧可笑</u>，你们但看我，我是何等的度量宽大。[《敝帚千金》1905（2）：46]

我们对"可A可B"构式进行内部构成、语法功能及语义特点等方面研究，试图发掘清末民初白话报刊时期这一构式的特点。

一、构式的内部构成

（一）A、B的音节数量

考察发现，A、B的音节数量均为单音节，例如：

案例③ 他们居住入学，我无不相帮尽力，好使人人安心向学，他们也狠有志向，狠肯用功，真<u>可敬可喜</u>，而且贵国向来风俗，女子怕见男子，以为是守礼节。[《杭州白话报》1902第二卷（12）：6]

案例④ 万般的物力，都消耗在一杯清水之内，若照我以上分工的道理说起来，这种人都是社会的蠹贼，个个<u>可诛可杀</u>，罪恶滔天了。[《中国白话报》1904（11）：75]

（二）A、B的词性

考察发现，A、B的词性绝大多数为动词，占82%，其他为形容词，占18%。例如：

案例⑤ 有人说，安徽白话报看不得，看着不是叫人哭坏了，就是叫人笑坏了，火后复活，那<u>可哭可笑</u>的事情，想必比从前更多了。[《安徽白话报》1909（1）：23]

案例⑥ 少年爱国，天下<u>可悲可惨</u>的事情，顶属眼看自己国家将要灭亡，这时候比甚么事情都显外悲惨眼看着没有一点活路，那种伤心惨目，真是到极处了。[《敝帚千金》1906（16）：31]

动词的构式还如：可诛可灭、可兴可衰、可存可亡、可有可无、可敬可佩、可哀可叹、等。形容词的构式还如：可好可坏、可多多少、可亲可爱、可贵可重、可久可远等。

（三）A、B 的语义关系

绝大多数的 A、B 属于同一意义方向的范畴，例如：

案例 ⑦ 革命纪元之岁，老兄倘与俺们同情反对内阁，今日轮到己身，迷了官场的魔障，那习惯就转换得快，那思想就变迁的灵了。（冷笑介）呵呵！这难道不可敬可仰吗？[《中国白话报》1904（13）：44]

案例 ⑧ 古今中外，无论是那一时那一世，总数得着这个人罢，如我们中国人，拿着一个完完全全，可贵可重，可久可远，万物之灵的人物，会没有多少立个好志向的。[《敝帚千金》1906（19）：18]

类似的构式还如：可哀可叹、可悲可惨、可贵可重、可久可远。

另外，A、B 之间也有反义关系，如：

案例 ⑨ 那些特性，约分三种，一种是好性质，父母要引诱他好好保存；一种是坏性质，父母要管教他，快快改脱；一种是可好可坏的性质，父母要监制他，就那好的，去那坏的，这才算尽父母的责任咧。[《安徽俗话报》1904（12）：17]

案例 ⑩ 大凡一个人物，必须有特别的志气，高尚的品行，才可以流芳千古，不然但是同流合污的鬼混一世，那岂不是枉食天谷，苟延岁月，与飞禽走兽有什么分别呢？然而世间上中材的人多，他那个资质是可善可恶，全在幼时候有好教育栽培他，叫他把那高尚的道德，耳濡目染。[《敝帚千金》1905（2）：9]

类似的构式还如：可兴可衰、可存可亡、可此可彼、可多可少、可有可无。

二、构式的语法功能

考察发现，"可 A 可 B"构式充当的句法成分包括谓语、定语以及宾语，谓语占 44%，宾语占 38%，定语占 17%。例如：

案例 ⑪ 铁匠的机器，机器锅炉，合木匠用的相仿，（锅炉汽机<u>可大可小</u>，自一两匹马力，至千百匹马力，用法都是一样）[《京话日报》1905-1-14]

案例 ⑫ 我看见这许多丢脸的说话，由不得面红耳赤，自言自语道："中国人，中国人，怎么把中国人威荣赫赫的令名，都丢到九霄云外去呢？哦，是了是了，这是中国人不晓得中国人有<u>可尊可敬可荣耀</u>的资格，所以垂头丧气，笑骂由人。我且把中国人可尊可敬可荣耀的资格，一一说来，愿我最亲爱最希望的同胞。[《杭州白话报》1902 第二卷（3）：1-2]

案例 ⑬ 陈涉革命的原因，我已在第二章里面说完了，但陈涉革命的事情，真正是<u>可钦可佩</u>的。[《中国白话报》1904（16）：19]

例 ⑪ 中"可大可小"作谓语，例 ⑫ 中"可尊可敬可荣耀"作定语，例 ⑬ 中"可钦可佩"作宾语。

三、构式的语义特点

考察发现，"可 A 可 B"构式表示并列或选择的语义特点。例如：

案例 ⑭ 这样收场，百年后尚不分明，难道<u>不可哀可叹</u>么，先生与奴家招回这三百少年的魂灵者。[《中国白话报》1904（21-24 合期）：128]

案例 ⑮ 凡事一秉大公，总以利国利民为心，像那样办法，可就大大的不对了，如今中国正在那<u>可兴可衰</u>，可存可亡的时候，若是照着那旧法子，凡事不论是非不论利害，就论在上有权人的。[《敝帚千金》1905（7）：31]

例 ⑭ 中"可哀可叹"表示悲痛的心理感受，"可 A 可 B"构式中出现的"哀""叹"呈现的为并列的语义关系；例 ⑮ 中的"可兴可衰"，"兴""衰"在"可 A 可 B"构式中表现为选择的语义关系。

第八节 "最A最B"构式

白话报刊中出现了较多的"最A最B"构式。如：

案例① 普通学问，约分八种，一国文，二修身，三历史，四地理，五物理，六算术，七家政，八生理，这八种学问，是女子<u>最要最简</u>的教科，其余还有针黹音乐图画，都是女子应该学习的材料。咳！茫茫宇宙不晓得可有几个女界英雄，振兴女学，唤醒这二万万的柔魂弱魄呢。[《杭州白话报》1902 第二卷（12）：8-9]

案例② 西洋人初进了飞律滨，教飞律滨人与他做城，有不做工当役的，他就说是犯法，不是打便是杀，所以飞律滨人，新与他做下一个<u>最坚最固</u>的城，副将怎么能攻的开，李马奔听了此话，情愿亲自来攻。[《第一晋话报》1905（3）：21]

下文我们对"最A最B"构式进行内部构成、语法特点、语义特点等方面研究，试图发掘清末民初白话报刊时期这一构式的特点。

一、构式的内部构成

（一）A、B 的音节数量

考察发现，A 皆为单音节，B 绝大多数属于单音节，少部分为双音节。例如：

案例③ 婢仆在一家之中，所居的地位，却是<u>最卑最下</u>，但是列位要晓得婢仆的好歹，关你一家家运好歹不少，贤君用了好官员，其国才能兴旺，如若是不好官员，便衰败了，主妇用了好婢仆，其家才能兴旺，如若是不好婢仆，

便衰败了。[《杭州白话报》1902（33）：35]

案例④　那新风俗新学问新智识，必定推到我们大家所办的白话报，是一个<u>最大最坚固</u>的根基，列位不信，试看着欧美日本各国，凡是绝大的事业，都从几个文人，把那些世界历史，人伦道德，翻演了一篇白话。[《杭州白话报》1903（1）：2]

例③"最卑最下"中"卑""下"均为单音节，例④"最大最坚固"中"大""坚固"，前者为单音节，后者为双音节。

（二）A、B 的词性

考察发现，A、B 的词性绝大多数为形容词，极少数为动词或形容词。例如：

案例⑤　后来新皇登极，移住冬宫，天下都望新主把从前的苛政改除，国内的新党，想着新皇做太子的时候，不喜欢专制政策，将来必定许民自由了，连那些<u>最乱最暴</u>的虚无党，亦因为政局未定，都睁着眼望来着手不动。[《杭州白话报》1902 第二卷（13）：1]

案例⑥　山东有一个总兵，姓龙名殿扬，便是纵容拳匪大臣刚毅<u>最爱最得用</u>的门生，前年刚毅，由东南各省搜刮地皮回京见皇太后时，便欣欣得意道，这龙殿扬是奴才的黄天霸，现在龙殿扬忽然到京，不知怎样用他。[《杭州白话报》1902 第二卷（1）：1]

例⑤"最乱最暴"中的"乱""暴"属于形容词，例⑥"最爱最得用"中的"爱""得用"，前者属于动词，后者属于形容词。

（三）A、B 组合的可能性

考察发现，一些"最 A 最 B"构式中 A、B 可以组合为双音词，说明二者之间具有紧密的语义结合度。例如：

案例⑦　这时倘不筹个速成的法子，那能够济急呢，别的速成法子也没有，据我看来，<u>最快最捷</u>的，只有刺客，有人驳道，刺客固是好的，但这等风气，已经歇绝千余年了。[《中国白话报》1904（17）：1]

案例⑧山西省城，总算是有了文明气象了，他还以为不足，要创一件<u>最苦最难</u>的事，想叫山西全省的百姓，一下子都成了明白人，你想用甚么法子好罢。[《京话日报》1905-7-23]

例⑦"最快最捷"中A、B组合的双音词为"快捷"，例⑧"最苦最难"中A、B组合的双音词为"苦难"。

类似的构式还如：最亲最爱、最尊最敬、最坚最固、最敬最爱、最良最好、最重最要。

二、构式的语法功能

考察发现，"最A最B"构式以作定语为主导，少数可作谓语或宾语。分别举例如下：

案例⑨如今则改用铝质Aluminum，原来铝是从砖瓦泥土中，化炼出来，是一种<u>最轻最坚</u>的金类，年深月久，也不为空气所剥削蚀。[《少年》1912（1）：1]

案例⑩箭本是竹子的尖，因矢<u>最直最尖</u>，所以就管矢叫箭，现在的开气袍，叫箭衣，因为本朝习射，两腿弯开，必须开气，如今枪炮猛烈，弓箭是无用了。[《京话日报》1904-10-26]

案例⑪虽不好也有好处，过强过弱，皆有一偏，总以不强不弱，恰得其中庸的为<u>最良最好</u>。[《北直农话报》1906（12）：8]

例⑨中"最轻最坚"作定语，例⑩中"最直最尖"作谓语，例⑪中"最良最好"作宾语。

三、构式的语义特点

考察发现，"最 A 最 B"构式表示"程度最高"的语义特点。例如：

案例 ⑫ 我<u>最亲最爱</u>的同胞呀，你可不是<u>最尊最贵</u>的中国人么，你所生的国度可不是世界上独一无二的国民么，你所处的时候，可不是去旧从新的老大帝国么，呵呵！天呀天呀！你却待我们不薄呢。[《杭州白话报》1902 第二卷（3）：1]

案例 ⑬ 你看如今地球上立国的止有两个法子，一个民主国君由民举，一个君主立宪国兴起，民权限制君权，君主专制国万々不能存立，那日俄战争胜败便是<u>最近最新</u>的镜子，这是闲话。[《第一晋话报》1906（6）：17]

例 ⑫ 中的"最亲最爱""最尊最贵"表示的是"亲爱"的程度之高以及"尊贵"的程度之高；例 ⑬ 中的"最近最新"表示"近且新"的程度之高。

四、构式的语用功能

考察发现，"最 A 最 B"构式用于口语语体中。例如：

案例 ⑭ 况且一两人送去的，难道说四高万人还要不回来么，只要我国民大家努力，要挽回前多年<u>最美最富</u>的中国，将见黄河岸上，扬子江头，勿论是什么国人愚弄去的。[《第一晋话报》1906（4）：41]

案例 ⑮ 主妇<u>最重最大</u>的责任，莫如理财这件事，爱修饰喜欢打扮，妇人的性质都是这样，我也不是说一定不要装饰，但是装饰太奢华，得不偿失，就是一家衰败的原因，节用省费，是富裕的根本，总而言之，钱财不可浪费，总要用的得宜，方不辜负他呢？[《安徽俗话报》1905（20）：6]

第九节　"如"类构式

考察发现，"如"类构式具有多种表现形式，例如：

案例① 这位公主，也算识得时势，但不知如何办法，且可惜只有京城一处，许多<u>如花如玉</u>的女孩儿家，不能多生在有学堂的她方，不能读书识字，真真可惜呢。[《杭州白话报》1902 第二卷（19）：1]

案例② 那时守第一座炮台的主将，便是提督罗荣光，到了那日，远远望见海外的兵船，<u>鼓轮如飞</u>，将近海口，罗荣光知道是各国遣派来的，连忙着人请问缘由。[《杭州白话报》1901（7）：13]

案例③ 我要想同他们说，你想怎能破开他们<u>如铁似石</u>的顽固肚子，所以默了这几个月，如今城镇乡地方自治章程出来了，从前的官绅也没的说了。[《安徽白话报》1909（2）：18]

案例④ 惠灵吞手持窥远镜，子细一望，看见法兵漫山遍野，<u>似水如潮</u>，乃调普兵，以为声援，自己守着坚壁清野之计策，始终不露一面。[绣像小说1903（5）：3]

案例⑤ 众人拍手喝采，欢喜异常，送李兰操回舰，再三致谢而去，日月如流，<u>光阴似织</u>，转瞬已是七月初六，是日午后，钟鸣三下。[《新小说》1902-9-2]

案例⑥ 英廷就差一个使者使者就是钦差，告诉俄国，劝他退兵，那俄国当这时候，正是轰轰烈烈，<u>似狼如虎</u>，恨不得即日可以把土耳其全国，吞在肚里。[《杭州白话报》1901（14）：8]

"如"类构式共包括六种表现形式，分别是"如A如B""AB如C""如A

似 B""似 A 如 B""AB 似 C""似 A 如 B",其中以"如 A 如 B""AB 如 C"出现的数量较多,"如 A 似 B"次之,其他三种数量较少,下文重点考察"如 A 如 B""AB 如 C"两种。

一、"如 A 如 B"构式

(一)构式的内部构成

1. A、B 的音节数量

考察发现,A、B 在音节上为单音节。例如:

案例⑦ 爱育有两种,一溺爱的爱,见了儿女,欢喜到了不得,或因得子已迟,更看他如宝如玉,事事曲承儿意,这便是溺爱的爱了。[《杭州白话报》1902 第二卷(18):9]

案例⑧ 世界万象,如梦如影,哀我众生,沉迷不醒,国为尔家,身为尔形,不有尔国,何有尔身。[《杭州白话报》1902 第二卷(22):2]

2. A、B 的语法性质

考察发现,A、B 的语法性质以名词为主导,占72%,另外还有动词和形容词。分别举例如下:

案例⑨ 列位在夜间时候,见有无数小星,如点如粒,那知这小星的体积,真也不小,有人说,大的恒星,比太阳还大几百万倍。[《杭州白话报》1901(21):9]

案例⑩ 噫,登高一望极目千里,全地早已隐蔽于冰雪之下,到处荒原残垒,凄凉寂寞,如睡如泣,霜雪漫空,海陆一色。[《新小说》1902-12-4]

案例⑪ 天堂在什么地方,地狱在什么地方,毕竟没有亲眼看见,任凭几个和尚尼姑,撒谎造谣,哄骗得四万万人,如醉如狂,以致工商业都大受害处。[《杭州白话报》1903(7):14]

（二）构式的语法功能

考察发现，"如A如B"构式以作谓语和定语的数量较多，少数可作宾语或状语。分别举例如下：

案例⑫ 若说是中国人，也还<u>如梦如醉</u>，昏沉沉过去罢了，却早触动了欧洲各国的人心，纷纷都要起来向中国打话，日本和英国，更觉关心。[《杭州白话报》1902第二卷（25）：1]

案例⑬ 今日的杭州，是个<u>如灰如沙如木如石</u>的杭州，杭州的形质，却与古时同，杭州的精神，却与古时异。[《杭州白话报》1902第二卷（24）：1]

案例⑭ 此外我们中国土产各货，如牙器、漆器、磁器、玩器、北京的绣货等件，俄人都极喜爱，看作<u>如珍如宾</u>，若使有人设法购卖，必定可以获利，可惜那些山西的商人，偏执己见，不晓得变通。[《杭州白话报》1902第二卷（16）：4]

案例⑮ 列位，试掉头东望，那一字长蛇的三岛，可不是<u>如火如荼如花如锦</u>的兴旺起来吗？回想从前那种内政不修，外邦欺辱的情形，却和中国现在相仿。[《杭州白话报》1902第二卷（1）：1]

例⑫中的"如梦如醉"作谓语，例⑬中的"如灰如沙如木如石"作"杭州"的定语，例⑭中的"如珍如宾"作"看作"的宾语，例⑮中的"如火如荼如花如锦"作状语。

（三）构式的语义特点

考察发现，"如A如B"构式在语义上表示比喻。例如：

案例⑯ 众人以为这番他的高妙议论，一定出现了，那知依然只听得"今日我们"四个字，也便不再闻他的声音了，那时哈哈的声浪，便<u>如山如潮</u>一般，把那大茅厂都盖住了。[《新小说》1902-35-12]

案例⑰ 这位公主，也算识得时势，但不知如何办法，且可惜只有京城一处，许多如花如玉的女孩儿家，不能多生在有学堂的地方，不能读书识字，真真可惜呢。[《杭州白话报》1902 第二卷（19）：1]

二、"AB 如 C"构式

（一）构式的内部构成

1. AB 与 C 的音节数量

考察发现，AB 为双音节，C 为单音节。例如：

案例⑱ 那时守第一座炮台的主将，便是提督罗荣光，到了那日，远远望见海外的兵船，<u>鼓轮如飞</u>，将近海口，罗荣光知道是各国遣派来的，连忙着人请问缘由。[《杭州白话报》1901（7）：13]

案例⑲ 那时势甚凶猛，人心大为惶惑，将军府交涉处的人，<u>拥挤如山</u>，十点半，将军叫交涉处的人，往俄官处探问。[《杭州白话报》1902 第二卷（28）：2]

例⑱中的"鼓轮""拥挤"为双音词，类似的还如：堆积、旋转、背诵、学术、络绎、欢呼、岁月"等。

2. AB 与 C 的语法性质

考察发现，AB 的语法性质以动词为主，C 以名词为主。分别举例如下：

案例⑳ 恒字作定字解，看这定字的意思，便似这恒星守着一个地方，端立不动，其实<u>旋转如飞</u>，因为离地太远，那恒星行动，我们不能看见，所以叫做恒星。[《杭州白话报》1901（20）：8]

案例㉑ 我和我妻又信又疑，却不敢不走，跟到一宅，内中宝物<u>堆积如山</u>，鱼虾米谷，不计其数，少年和一女人说道，你好好待这四个人，随即出去。[《中国白话报》1904（21–24 合期）：101]

（二）构式的语法功能

考察发现，"AB 如 C"构式绝大多数作谓语，少数可作宾语。例如：

案例 ㉒ 你看西方两洲东三岛，文明似锦，<u>学术如潮</u>，可不是当时的教育苗，愧煞我学界千重雾绕，谁能把腐块一笔勾消，我但愿有心人啊，做个学界大人豪，把这千钧重担双肩挑。[《杭州白话报》1902 第二卷（15）：2]

案例 ㉓ 你看我，牵声胡儿，拜倒裙下，「白」想我此去也，定然是，赤手屠龙，成功戏马，谁知道，我是个<u>身轻如燕</u>，<u>貌美如花</u>。[《中国白话报》1903（3）：60]

例 ㉒ 中"学术如潮"作谓语，例 ㉓ 中"身轻如燕""貌美如花"作宾语。

（三）构式的语义特点

考察发现，"AB 如 C"构式在语义上表示比喻。例如：

案例 ㉔ 众人拍手喝采，欢喜异常，送李兰操回舰，再三致谢而去，<u>日月如流</u>，光阴似织，转瞬已是七月初六，是日午后，钟鸣三下。[《新小说》1902-9-2]

案例 ㉕ 这话我是没有得驳了……孔老先生说到这里，满堂<u>拍掌如雷</u>，孔老先生接着道，他两位的话还多着呢。[《新小说》1902-36-13]

第十节 "有 A 有 B"构式

白话报刊中出现了较多的"有 A 有 B"构式。如：

案例 ① 你看天空之中，白一块，青一块，这不是叫作云么，云的下面，空无所有，这不是纯是空气么，原来空中云层，<u>有厚有簿</u>，云的里面，含着电气。[《杭州白话报》1901（22）：12]

案例 ② 外洋人之议论，<u>有同有异</u>，非一言可尽，今但就文兄力量相宜而

论，在蕞都如三人前约本亦可勉强。[《中国白话报》1904（21—24 合期）：204]

下文我们对"有 A 有 B"构式进行内部构成、语法特点、语义特点等方面研究，试图发掘清末民初白话报刊时期这一构式的特点。

一、构式的内部构成

（一）A、B 的音节数量

考察发现，A、B 在音节上为单音节。例如：

案例 ③ 大家都知道他<u>有国有君</u>，单单我们中国有国，中国有君，他不知道呢，这个大大的缘故，我们演书的，也不知道是在什么地方。[杭州白话报 1901（22）：8]

案例 ④ 何况钟承祖的橐囊，统共只这二百多块钱，起先还<u>有输有赢</u>，可以支撑得住，到后来忘餐废寝，精神消乏，便是有输无赢了。[《京话日报》1904—10—31]

（二）A、B 的语法性质

考察发现，A、B 的语法性质以名词为主导，占 62%，形容词占 33%，少数为动词。例如：

案例 ⑤ 江苏省通州地方，开设一个书报公社，社里<u>有书有报</u>，看的人都说便当得狠，正是办得高兴，谁知道通州地方官，得着这个消息，勃然大怒，立刻行文查拿。[《杭州白话报》1901（10）：1]

案例 ⑥（问）月蚀也<u>有多有少</u>吗？（答）也有全蚀半蚀几分蚀。（问）怎么叫全蚀呢？（答）月亮的全体都被地球遮掩了，没有月光，叫做全蚀。[《安徽俗话报》1904（11）：17]

案例 ⑦ 国内商务，出入虽也不小，关系却不狠大，为什么呢？同在一国

之内，<u>有来有往</u>，今年赔了，明年还可赚得回来。[《京话日报》1904-10-7]

构式中A、B为名词的还如：有男有女、有形有色、有河有海、有柴有米、有气有水、有国有家等；构式中A、B为形容词的还如：有阔有狭、有直有曲、有平有峭、有新有旧、有优有劣、有粗有细等。

（三）A、B的语义关系

考察发现，A、B在语义上表现为反义、相关义及近义三种语义关系。例如：

案例⑧ 我波兰为世界党派最多之国，无论什么贵族党议政党君党后党联外人党，不胜枚举，有贤有否，<u>有优有劣</u>，最可恨的是依靠外人，毫无独立的性质。[《安徽俗话报》1904（13）：32]

案例⑨ 王船山先生说道，上古时候，本没有皇帝，不过天下的百姓，都要推一个<u>有德有功</u>的人，奉他做主，里面有一顶好的人，就奉他做皇帝。[《中国白话报》1904（11）：24]

案例⑩ 这一段议论，第二天刻在报上，大家伙传诵起来，别处的新闻报馆也都翻刻了，这都是<u>有凭有据</u>，并不是我事后随便胡编的。[《京话报》1903（4）：2]

例⑧中的"优""劣"属于反义关系，类似的还如：有直有曲、有新有旧、有粗有细、有同有异、有圆有缺、有大有小、有穷有富等。例⑨中的"德""功"属于相关义关系，类似的还如：有声有势、有形有色、有才有德。例⑩中的"凭""据"属于近义关系，类似的还如：有势有力、有作有为、有河有海等。

二、构式的语法功能

考察发现，"有A有B"构式以作谓语为主导，还可作定语与宾语。例如：

案例⑪ 有人说，这彗星离着太阳，<u>有远有近</u>，有了远近，便分冷热，因此渐成了扁圆的形状，这句说话，也有点道理。[《杭州白话报》1901（21）：10]

案例⑫ 这聂军门名叫士成，号为功亭，是最<u>有勇有胆</u>的名将，赤心为国，累次战功，闻名海内，此番奉了朝廷的旨，带兵前去。[《杭州白话报》1901（6）：11]

案例⑬ 要查考他的传种，境遇的贫富，家道的衰旺，要查考他的作为，这却是<u>有凭有据</u>，不比那风水两个字，渺渺茫茫。[《杭州白话报》1902（29）：3]

例⑪中"有远有近"作谓语，例⑫中"有勇有胆"作定语，例⑬中"有凭有据"作宾语。

三、构式的语义关系

考察发现，"有 A 有 B"构式表示"并列"的语义关系。例如：

案例⑭ 西国天文士，常拿了千里镜，仔细窥望，便见有无数细星，团聚一处但是<u>有远有近</u>，有疏有密，有看得清楚的，有看不清楚的。[《杭州白话报》1902（30）：27]

案例⑮ 汉朝有个女子，姓班名昭，他是女子中顶<u>有才有德</u>的人，曾经代哥子班固续做汉书续是接续，哥子未曾做完，妹子接续下去又做女诫七篇。[《杭州白话报》1901（19）：14]

四、"有 A 有 B"构式的语用特点

考察发现，"有 A 有 B"构式适用于口语中，具有鲜明的口语语体色彩。例如：

案例⑯ 这般村人，大半都是因那强盗进村，失了财产，穷苦无赖，志图报仇，其余那些<u>有钱有势</u>的财主，还在那裏打算盘，三七二十一愿着眼前安乐，那里肯来进会。[《中国白话报》1903（2）：48]

案例⑰ 第二成婚的规矩不合情理，原来成婚是人生一件大事，人人都说是喜事，我也说算是喜事，成婚的日子，亲戚朋友，本家邻舍，都来送贺礼，吃喜酒，大家热热闹闹，<u>有文有礼</u>，本是一椿大喜事，但是其中有三椿事，却实在不合乎情理。[《安徽俗话报》1904（4）：1]

第十一节 "AB 而 C" 构式

白话报刊中出现了较多的 "AB 而 C" 构式。如：

案例① 那兖州有个九河，有个雷夏，禹把九河的水，都叫他<u>顺道而流</u>，雷夏也通了水道，还有那灉沮二水。[《中国白话报》1904（5）：29]

案例② 问：地是什么造成的。答：是陆地就是旱路和水<u>穿插而成</u>的。问：陆地和水是什么比较。答：大约把地分成四份，陆地占子一份，水占了三份。[《杭州白话报》1901（2）：3]

对于 "AB 而 C" 构式，文炼（1988）在谈到 "类固定短语" 时，指出 "××而×" 的特点是：短语为偏正结构，功能是动词性的。[①]

下文我们对 "AB 而 C" 构式进行内部构成、语法功能及语义特点等方面研究，试图发掘清末民初白话报刊时期这一构式的特点。

---

① 文炼：《固定短语和类固定短语》《世界汉语教学》，1988 年第 2 期。

一、"AB而C"构式的内部构成

（一）AB、C的音节数量

考察发现，AB属于双音节，C为单音节。例如：

案例③ 总而言之，这种重力，都是互相<u>吸引而生</u>的，不但地球能够摄物体，即地球也为物体所摄。[《中国白话报》1904（7）：32]

案例④ 这一万人还是些老弱残兵，打土匪也有些费事，若是外国兵马二<u>涌而来</u>，那里抵挡得住呢。[《安徽俗话报》1904（1）：11]

（二）各构件的语法性质

"AB而C"构式中，"而"为固定成分，其词性为连词，把表示时间、方式、目的、原因、依据等的成分连接到动词上面。构式中的"AB"，动词性词语占绝大多数，既可以为动词，也可以为动词性短语，分别举例如下：

案例⑤ 封锁旅顺之策，乃用商船五只，内中满载引火之物，送至旅顺港口，后以驱逐舰，及水雷船<u>护送而行</u>。[《中国白话报》1904（7）：47]

案例⑥ 当日只有残兵三千，而且军装不全，粮饷也没有预备，坐困数日，不得已<u>弃城而走</u>，马江丸得了城池，引兵一路追赶。[《杭州白话报》1901（5）：4]

动词还如："奔驰、呼啸、磨炼、吸引"等，动词性短语还如："离营、弃甲、乘潮、跳墙、溯江"等。

二、"AB而C"构式的语法功能

考察发现，"AB而C"构式以作谓语为主导，少数可作宾语。分别举例如下：

案例⑦ 贵政府恪守公法，庶可望与敝国重订邦交，使贵国同享文明之福，

说完，醋王<u>致谢而退</u>。[《杭州白话报》1902（29）：52]

案例 ⑧ 我今日啊，一心顶礼，恭贺我五千余年文化普及的国民，第一愿我国民激发爱国心，国是<u>积民而成</u>，人人都有保国的责任。[《杭州白话报》1902 第二卷（8）：1]

例 ⑦ 中的"致谢而退"作谓语，例 ⑧ 中的"积民而成"作宾语。

三、"AB 而 C"构式的语义特点

考察发现，"AB 而 C"构式的语义特点可概括为"表示方式、原因等的导致的结果"。例如：

案例 ⑨ 二十匹的马，到汉城来接应，接连着又到了三千多兵，乘坐两只兵舰，<u>星驰而来</u>，真个是兵精粮足，马壮人强。[《杭州白话报》1902 第二卷（4）：8]

案例 ⑩ 敌兵又<u>大败而遁</u>，正欲占据孙家镇，恰值敌人又添了生力马队一枝，猛冲过来。[《中国白话报》1904 年（12）：64]

例 ⑨ "星驰而来"的"星驰"表示"来"的方式，例 ⑩ "大败而遁"的"大败"表示"遁"的原因。

第十二节　"AB 之 C"构式

白话报刊中出现了较多的"AB 之 C"构式。如：

案例 ① 洋人游历是一件事，你们大家不要诧异，国有了个学堂，派几个学生游四方，<u>游历之人</u>不怕苦，独自穿州又过府，世间海阔又天宽。[（《杭州白话报》1901（1）：1]

案例 ② 无论声光化电，格致算学，制造工程，和农工商医各种<u>专门之学</u>，

有一种学，便有一种报。[《京话日报》1904-8-23]

对于"AB 之 C"构式，文炼（1988）在谈到"类固定短语"时，指出"××之×"的特点是：短语为偏正结构，功能是名词性的。[①]

下文我们对"AB 之 C"构式进行内部构成、语法功能及语义特点等方面研究，试图发掘清末民初白话报刊时期这一构式的特点。

一、构式的内部构成

（一）AB、C 的音节数量

考察发现，AB 属于双音节词语，C 为单音节词。例如：

案例③他不禁我登口岸，他不禁我我禁他，<u>野蛮之名</u>我自加，且为你们设比喻，无数华商外洋住，洋人得罪我华商，我们心中甘不甘。[《杭州白话报》1901（2）：3]

案例④天津北马路，官立的考工厂，日内便可开办，洋房高大，装饰华丽，凡民间铺户，所有货物，不论贵贱大小，都可送去，照原价代售，<u>售出之后</u>，钱归原主。[《京话日报》1904-8-17]

例③的"野蛮"属于双音节词，例④的"售出"属于双音节短语。

（二）各构件的语法性质

考察发现，AB 的语法性质为动词性或名词性词语，少数为形容词。C 的语法性质为名词。例如：

案例⑤抽身歌舞地，洗眼水云滨，咱木树，表字伯士，幼失双亲，长而好武，侠游之辈，结队成群，<u>谈论之时</u>，指天画地。[《中国白话报》1903（1）：63]

案例⑥那官府也袒护教民，动要平民赔他不是，以至平民吃亏，大家

---

①　文炼：《固定短语和类固定短语》《世界汉语教学》，1988 年第 2 期。

怀恨在心，便看了教民，如蛇虎一般，大为<u>地方之害</u>。[《杭州白话报》1901（5）：8]

案例⑦ 既不方便，还要把那些污秽垃圾，丢在街上，<u>腐烂之后</u>，臭气扑鼻，闻着气的，要是身体空虚，便成疫症，这两件是地面上第一坏事。[《杭州白话报》1901（5）：5]

例⑤的"谈论"属于动词，例⑥的"地方"属于名词，例⑦的"腐烂"属于形容词；例⑤—例⑦的"时、害、后"属于名词。

二、构式的语法功能

考察发现，"AB 之 C"构式以作宾语和主语为主，分别占 48% 和 33%。少数可作状语。分别举例如下：

案例⑧ 美将霓德安能度，出队抵敌，一直杀到红日西斜，未分胜负，两下各自收军，马江丸见一时不能取胜，就想出一个<u>长久之计</u>。[《杭州白话报》1901（7）：7]

案例⑨ 列位你道这章程怎么定法呢？原来地球上各国做皇帝的情形，大不相同，有的叫做君主之国，君是国君主是主意，这<u>君主之国</u>是无论国家有一切什么事情，都不要去告诉百姓。[《杭州白话报》1901（5）：4]

案例⑩ 汝今一面捕鱼，一面又要吹笛，用心不专壹，何怪不能得鱼，若肯如我之言，<u>捕鱼之时</u>，专心捕鱼，自然获鱼必多。[《少年》1911（1）：3]

例⑧的"长久之计"作宾语，例⑨的"君主之国"作主语，例⑩的"捕鱼之时"作状语。

三、构式的语义特点

考察发现，构式的语义特点可概括为"用 AB 来修饰限制 C"。例如：

案例⑪ 那皇帝一个人不能独断独行，都要和上下议院商量，这叫做君民共主了，还有<u>民主之国</u>，那民主国一切事件，统要归议院做主，议院的权柄就比那国君大了。[《杭州白话报》1901（6）：5]

案例⑫ 其一是不能用人，事无论大小，必须得<u>辅佐之力</u>，要全靠自己去做，凭你精神百倍，也只能照顾眼面前。[《京话日报》1904-9-9]

例⑪的"民主"修饰限制"国"，例⑫的"辅佐"修饰限制"力"。

以上我们对清末民初白话报刊中的待嵌构式进行了深入考察，可以说这个汉语的这一发展阶段待嵌构式类型多样，数量众多，同时也说明过渡时期的语言面貌丰富多彩，待嵌构式的丰富性与过渡时期具有重要的关系。

第三章　清末民初程度构式

第一节　程度构式的结构类型

认知范畴中的程度范畴是人类对事物、行为或性状发展变化状况等客观程度因素进行描写、说明、评价的主观手段的集合。[①] 考察发现，清末民初存在数量较多的表程度范畴的构式，可称之为程度构式。例如：

案例 ① 中国的秀才举人进士翰林，<u>多得狠</u>，若是叫秀才举人进士翰林，同外国人打仗，打得胜么？同外国人做生意，做得过么？同外国人办交涉同外国人结交彼此干涉的事，办得妥么？[《杭州白话报》1901（11）：1]

案例 ② 科学仪器馆，开得三年了，近来生意，<u>好得非常</u>，内地办学堂的，要买各种博物理化仪器，以及动植物的标本图画，都要跑到他馆里去买，这仪器馆里头的仪器，办得顶完全齐备，而且东西又好，价值又了不得的公道，这也有个缘故。[《中国白话报》1904（7）：37]

案例 ③ 从格搭到吴淞，路是<u>远得极</u>，既晤笃两位要去，也勿要紧，教得我呢多雇两个伙计，就是哉，包管晤二天就可以到格。[《中国白话报》1904（11）：63]

案例 ④ 那风见他结了帮侣，心里有些不舒服，要想很命把他吹个四散，那晓得风越<u>吹得紧</u>，那雪越结得坚硬，风又用了许多方法去解散他，只是解散

---

① 蔡丽：《程度范畴及其在补语系统中的句法表现》，世界图书出版公司，2012 年。

不来，弄得没有法子可想。[《中国白话报》1903（1）：71]

案例⑤ 原来约西小时未出家门之时，甚为放浪优游，自由自在，饮食起居，有人伺候，<u>闷得慌</u>，或是系蜻蜓，或是养鸟，或是钓鱼，莫说被人欺侮，被人奚落，连那深山里的盗贼，也窃盗不到他身上。[《绣像小说》1904（32）：7]

案例⑥ 有一般苗民，<u>顽恶的了不得</u>，因为他所据的地方，南有衡山，北有岐山，右有洞庭，左有彭泽，如此形势，真正是负嵎之虎，莫之敢撄了。[《中国白话报》1904（8）：22]

案例⑦ 三个之中，有一个不好，将祖父遗下产业，用得精光，那两个那怕是好人，也被那个不好的，<u>一齐弄得不得了</u>，虽然兄弟情分，不比寻常，到了不得了的时候，也不该吵闹起来。[《杭州白话报》1901（21）：1]

案例⑧ 李兰操到底不得脱舰的几会，看看已经要经过支布罗陀海峡，值出大西洋了，兰操好不<u>急煞</u>，一日走进欧露世寝室。[《新小说》1905（3）：12]

案例⑨ 保定府开设一个大差局，委员有一二百个，说起来真是要<u>吓死人</u>。[《杭州白话报》1901（15）：1]

案例⑩ 你们知道我们浙江省的酒捐，<u>捐得厉害</u>么。告示上说，是捐得酿户，不是捐的饮户，具宝捐酿户便是捐饮户，酿户拿出捐钱，可以抬高酒价捐，饮酒的人，不论价怎样贵，只好一五一十拿钱去买。[《杭州白话报》1902（30）：1]

我们对清末民初的程度构式进行定量统计分析，列表如下：

程度构式	X得很	X得非常	X得极	X得紧	X得慌	X得了不得	X得不得了	X煞	X得厉害
数量	431	9	36	15	21	80	8	4	3
比例	71%	1%	6%	2%	3%	13%	1%	1%	1%
"X"例示	多、远	好、干燥	开、乖巧	吹、防	闷、跑	弱、顽劣	弄、亏空	急、愧	捐、闹

从上表可以看出：根据不同类型的程度构式出现数量，从多到少依次是：X 得很 >X 得了不得 >X 得极 >X 得慌 >X 得紧 >X 得非常 >X 得不得了 >X 煞 / X 得厉害，其中以"X 得很"构式占主导，是清末民初程度构式的主要表现形式。下文将围绕"X 得很"这一程度构式进行详细考察。

第二节　"X 得很"构式

一、构式的变体

程度构式"X 得很"具有多种表现形式，即"X 得狠""X 的很""X 的狠"三类。例如：

案例⑪ 夫子看了，<u>欢喜得狠</u>，我当时也抄了一册，遂在怀中取出递与我道，你好好收藏，将来按图索骥，多联络几个英雄，也好做个帮手，办点儿事情。[《安徽俗话报》1904（4）：21]

案例⑫ 读书人既然无用，我们这几位种田的做手艺的做买卖的以及那当兵的兄弟们，又因为着从少<u>苦得狠</u>，没有本钱读书，一天到晚在外跑，干的各种实实在在正正当当的事业。[《中国白话报》1903（1）：1]

案例⑬ 现在天津教养局，从日本买来的织布机，<u>简捷灵便的很</u>，大致和中国织布机，也相仿佛，价本不大，学习不难，寻常人家，都不妨买他一张。[《京话日报》1904-8-18]

案例⑭ 璞玉本生在石中，未曾琢磨的时候，<u>朴素的很</u>，扑璞二字意思想通，所以未治好的玉，就叫璞。[《京话日报》1904-10-31]

案例⑮ 你们到他国里看看，那个大城池，大镇市，不用说那学堂是<u>多的狠</u>，就到了一个小村落，也没有没学堂的。[《敝帚千金》1905（2）：2]

案例⑯ 哈哈，诸君诸君，老僧告罪了，我昨儿偶然读一张苏报，看见有一件杭州的新闻<u>可怜的狠</u>。[《杭州白话报》1902（2）：1]

可以看出，表程度义的"很"与"狠"同时存在，程度补语的标志"的"与"得"共用，这说明在清末民初时期"很／狠""的／得"的词类功能并未完全专职化，体现出此阶段汉语过渡性的特征。

二、"X 得很"的内部构件

1. 从语法单位的角度，"X"绝大多数为词，少数为短语。例如：

案例⑰ 见后门有颗大树，正靠着墙，墙下有个阴沟，阿幺对钟承祖道，这个地方<u>好得很</u>，两个人心照不宣，欢天喜地的回到大街上，找了个小饭店，要了两壶酒，点了几碟现成菜，吃得个既醉且饱。[《京话日报》1904-11-6]

案例⑱ 下官既无许大势力，只靠着几个头碰得响，两条腿跪得软，无奈那上司们见惯了，<u>不耐烦得狠</u>，任你碰破了脑壳，跪酸了膝盖，那里把正眼一觑。[《中国白话报》1904（21-24 合期）129]

"X"为词的还如：多、快、美、配、忙、闹、朴素、镇定、康健、快乐、洁净、舒服、谦恭、文明、佩服、缺乏、喜欢、盼望、抱歉、操心、吃亏。"X"为短语的还如：有罪、受罪、难说、难测、差得远、不通、不文明，其结构类型主要为状中类（难说、难测、不文明）与动宾类（有罪、受罪）。

2. 从语法属性上，"X"只能为谓词性词语，包括形容词与动词性词语。例如：

案例⑲ 如今这篇议论，就是上礼拜商学会会员演说的稿子，承他们寄与我们登报，我看见实在<u>佩服得很</u>，所以附几句话在此，想你列位看看，也一定佩服了[《中国白话报》1904（9）：57]

案例⑳ 前几天北城地面，驱逐上海曲班，雷厉风行，一时虾兵蟹将，手忙脚乱，大有走头无路的光景，那知这几天，依然如故，不过从这个客店，搬到那个客店，徒然叫开店的，多收几个房钱，这几天来迁安栈斌升店，**热闹得狠**，不一样是个客店么，何以竟分彼此，官场的虎头蛇尾，大概如此。[《京话日报》1904-10-9]

形容词性词语还如：多、大、好、长、重、紧、妙、高、快、广、热、强、弱、小、苦、可怜、可叹、可危、好笑、为难、聪明、富足、剧烈、有趣、野蛮、强旺、荒唐、自重、危急、奇妙、刁皮、烦躁、难过、拥挤、可怕、惭愧、有趣、伤心、着急、明白、可恶、柔软、霸气、难看、不肖、新奇、快乐、清淡、认真、重大、痛快、古怪、衰颓、凶悍、康健等。动词性词语如：羡慕、感激、盼望、拘束、欢迎、上当、唠叨、吃亏、操心、逼近等。

3. 从音节数量上，构式中的"X"以双音节最多，占55%；单音节次之，占44%，同时也出现了极少数多音节词语。例如：

案例㉑话说平壤这座城池，是**大得很**的，由南到北，有十余里路长，西南东三面，都有大江围绕，北面紧靠着崇山，惟西北角上，是一条大路，可以直达義州。[《杭州白话报》1902（14）：37]

案例㉒所探的事情，没有到手，倒把自己的行藏，叫人家密探去了，岂不坏了大事，那能不惊，但是达威德尔这个时候，虽则心中七上八下，面子上却仍是**镇定得很**，一面假装看报，一面慢慢的盘算。[《京话日报》1904-8-22]

案例㉓那种古文如今用不着他，什么班马什么韩柳一概都是王八旦狗屁不通的，害得我从前看他文章花了三四点钟工夫，一版还看不清楚，连句读都点不清，我们如今要力矫其弊哩，因就做了许多文章，真正**奇离古怪得很**，我白话道人，也拜读了他们许多文章，但因脑气不好，往往忘记。[《中国白话报》1904（8）：3-4]

4. 从语义特征方面，"X"带有程度义，尤其是形容词或表心理活动的动词。例如：

案例㉔ 这学说两字若认真讲起来也<u>深远得很</u>，但古人的学问大半有用的，所以他的说话也狠中听，如今拣那顶浅近的有味道的演出来，你们倘能够学着他，将来也好入圣庙了，再不然肚里头也可以多些东西，闲时对着朔友亲戚们谈谈也好。[《中国白话报》1903（1）：6-7]

案例㉕ 荷兰京城里的博物院主人见了，<u>羡慕得很</u>，出了三千块银钱，向吾父亲买了，陈列在院里，供大众观看，吾父亲在京城耽搁了一天，次日搭邮便船回家。[《少年》1911（7）：1]

因而，构式"X得很"要求"X"绝大多数为双音节或单音节表示程度义的谓词，而体词性词语不能进入此构式，同时多音节的词语一般也不能进入。

三、"X得很"构式的句法功能

"X得很"构式从结构上属于中补短语，作谓语为主要句法功能，少数可作宾语或补语。例如：

案例㉖ 这时候的寒气是极匀的，离地也不狠高，况是山渐而来，并非骤然冻结，所以水气要变成雪，或须一两天，或须一天半天，不是一下子便成的，冰雹的情形，却<u>快得很</u>，这时候的天气，必是极暖。[《京话日报》1904-8-31]

案例㉗ 从前有个意大利的人，他能够在玻璃里头抽出丝来，那丝也可以织纱布，也可以做汗衫，这都是<u>奇妙得很</u>。[《中国白话报》1904（21-24合期）229-230]

案例㉘ 大家笑吟吟的都到岸边来迎接，也有送路菜的，也有送盘缠的，不管你收不收，都堆下满船来了，黄帝也共他们说了几句客气的话语，马上顺着风势，一直把船驶到湖南洞庭湖里面泊住，带了兵马上岸去巡查异族，走不上几百里，抬头一看，有一座高山，那山势生<u>得危险得很</u>，问起在地的人民，众都道这山名做湘山。[《中国白话报》1903（3）：21]

例㉖中的"快得很"作"冰雹的情形"的谓语；例㉗的"奇妙得很"作述语"是"的宾语；例㉘的"危险得很"作述语"生"的补语。因而可以说，"X得很"是一种谓词性构式，作谓语是其句法功能。

四、"X得很"的构式义

每种构式皆有其构式义，不能从内部成员推测出来，即具有不可预测性。构式赋义即构式内部各构件组配的结果，也就是概念整合产生的"浮现意义"；而说话人基于对情景的识解会选择这样或那样的构式来表达，是因为每一特定构式具有特定的话语功能。[①]为考察"X得很"构式义，我们将其与"很X"构式进行比较，可发现两者的差异。例如：

案例㉙你们列位看了我前路所说的话，一定都道黄帝是姓黄的了，哈哈，不是，不是，我们这位黄帝姓做公孙，名做轩辕，后人因为他功劳实在<u>大得很</u>，大家都道我们住的土地岂不是轩辕爷爷给我的吗？[《中国白话报》1903（1）：16]

案例㉚西瓦迭喜出望外，便把公司认真办理起来，于是往来欧美两洲的大商人，个个都托他运货，办了几年，公司中没有一个不利市三倍的，不料美国的商人看见这漕运的利权<u>很大</u>，也就处处效颦，人人学步，到处都立有轮船公司，抢夺他的生意。[《中国白话报》1904.21–24合期236]

案例㉛西藏就近着四川这一边，也是我们中国的地方，俄国既占了奉天，他的意思还想再占西藏，英国因为西藏地方着实<u>富足得很</u>，倘然得了西藏，将

---

① 吴为善：《构式语法与汉语构式》，学林出版社，2016年。

来就可以造一条铁路，一直通到四川。[《中国白话报》1903（1）：23]

案例㉜ 秘鲁国在南美洲的尽西边，同巴西交界，开辟此地，也是西班牙的力量，中国道光年间国人把西班牙的官，一齐赶跑，自立民主，成了民主国，地土很富足，可惜民智不开，虽有许多的矿产，没去开采农务也不讲究，光绪初年，同中国立约，招雇华工，前往开矿，都城叫里马。[《京话日报》1904-12-3]

我们认为，"X得很"表示的程度义明显高于"很X"，理由有三：

第一，两种构式的句法表现有差异，前者常出现"十分、实在、真是、真正、着实"等程度副词，用以强化"X得很"构式具有较高的程度义。如例㉙"大得很"出现"实在"，例㉛"富足得很"出现"着实"；而例㉚"很大"、例㉜"很富足"前未出现此类程度副词。

第二，构式的焦点表现有差异。"很X"构式的焦点在"X"上，"X得很"构式的焦点在"很"上，后者凸显的程度义更强。

第三，一个范畴内部成员的不对称实际就是有标记项和无标记项的对立。[①]其中表程度的"很"常用于状语的位置上，是无标记的，而处于补语的位置上不是基本用法，是有标记的，"很"前有程度补语的标志"得"，这说明"X得很"的程度义高于"很X"。

因此，"X得很"的构式义可概括为"说话者认为事物的性质具有较高的程度义"，其程度高于"很X"所表达的构式义。

五、构式的语体选择

黎运汉、盛永生（2006）认为，语体是指在长期的语言使用过程中，因交际领域、交际方式、交际目的、交际对象的不同，而逐渐形成的具有相对稳定

---

① 沈家煊：《不对称和标记论》，江西教育出版社，1999年。

的一系列语言使用特点的综合体。[①] 语体与语法有着密切的关系，每一种语体的语法特征皆有差异。考察发现，"X得很"构式运用于口语语体中，用于陈述或对话语境中，从而突出了事物的性质具有较高程度义。例如：

案例㉝ 这位先生，他也曾在南京陆师学堂学过八个月的武备，那种尚武精神想来<u>强旺得很</u>，所以暂且在厨子身上发泄发泄，此时文光恐怕那姓郑的难为情，所以不便出来劝止。[《中国白话报》1904.21—24合期149]

案例㉞ 见后门有颗大树，正靠着墙，墙下有个阴沟，阿幺对钟承祖道，这个地方<u>好得很</u>，两个人心照不宣，欢天喜地的回到大街上，找了个小饭店，要了两壶酒，点了几碟现成菜，吃得个既醉且饱。[《京话日报》1904—11—6]

例33用于强调"强旺"的较高程度义，例34用于强调"好"的较高程度义。在语篇上，前后语句与"X得很"构式有着解释或补充关系，例33所说的"尚武精神想来强旺得很"，前面分句已经做了介绍，即"他也曾在南京陆师学堂学过八个月的武备"。例34所说的"阿幺对钟承祖道"说明后面的成分为口语语体，这是"好得很"出现的语言环境。

上文运用构式语法理论对"X得很"程度构式进行了多角度的考察，此构式的变体、内部构件、句法功能、构式义及语体选择等方面表现出多种特征。我们认为，运用构式语法理论深入考察清末民初的语言面貌，会对此阶段的语法构式系统有更全面的认识，也有助于了解现代汉语语法构式形成的过程。

第三节 "X得了不得"构式

在白话报刊中出现了一些"X得了不得"构式。如：

案例① 陕西西安地方 旧年 皇太后 皇上初到那边时候 金银珠宝 大半是

---

① 黎运汉，盛永生：《汉语修辞学》，广东教育出版社，2006年。

董福祥带的甘军是甘肃省的兵 从北京抢掳带回 多得狠 所以价钱<u>贱得了不得</u>
[《杭州白话报》1901（2）：1]

案例② 他有一位门生 人很明白 留心时务 常常买些地图合那翻译出的外国书看 这个风声传到那老头子耳朵里去 就<u>生气得了不得</u> 把这门生叫了去 大加申斥说道我听见你喜欢看外国书 那书都是造谣言的[《中国白话报》1903（2）：9]

我们对"X 得了不得"构式进行语法、语义、语用等方面研究，试图发掘这一构式的特点。

一、语法特点

（一）构式中"X"的词性

考察发现，"X"绝大多数为形容词，个别为动词。例如：

案例③ 南部为南岭以南之地 珠江在焉 这珠江也叫西江 又称为西江流域 土地也很好 人民也狠聪明 近来<u>发达得了不得</u>[《中国白话报》1903（2）：19]

案例④ 原来县官本没有要重办何勿用的心思 因为差吏报事时候 牵涉洋人 说是何勿用仇害洋教 谋事不轨 知县<u>怕得了不得</u> 才连夜拿人到案[《杭州白话报》1903（10）：48]

出现在该构式中的形容词还如：多、慌、乱、好、贵、热闹、痛苦、巧妙、欢喜、阔绰、穷苦、怨恨、诧异、快活、生气、和气等。

（二）构式的语法功能

考察发现，"X 得了不得"构式绝大多数作谓语，个别为宾语。例如：

案例⑤ 那些年代 能够守住这一块土的 就是郑成功 这个人 可不算空前绝后的大英雄么 中国排外大英雄 <u>多得了不得</u> 秦朝有个蒙恬 汉朝有个卫青霍去病[《中国白话报》1904（20）：7]

案例⑥他说道看犬羊等畜生 就可以晓得他没有学辟 没有智识 像打雷的时候 畜生都是<u>吓得了不得</u> 日蚀的时侯 牛羊都奔回窠内 [《安徽俗话报》1904（11）：37]

例⑤中"多得了不得"作谓语，例⑥中"吓得了不得"作宾语。

二、语义特点

考察发现，这一构式表示"达到较高的程度"的语义特点。例如：

案例⑦半月以来 各报登各省的乱信 不一而足 江西乐平的事固算是已经定了 即如广西自柳州之匪败后 就是怀集土匪的蠢动 官兵与匪打仗 颇为失利 广东邻近各县 俱已<u>慌得了不得</u> [《安徽俗话报》1904（14）：8]

案例⑧因为他每请茶会 必要请我们使馆人员 所以我这里还收着他好些 请帖 做个记念 并且三年前 我同他到阿马贺赴会 又在锡家谷赴宴 都是同在一棹上吃饭 <u>和气得了不得</u> [《京话报》1903（2）：11]

例⑦中"慌得了不得"表示"慌的程度较高"，例⑧中"和气得了不得"表示"和气的程度较高"。

三、语用特点

考察发现，这一构式出现在口语语体中，体现出鲜明的口语色彩。例如：

案例⑨我想你们列位看见我前期所讲的那养蚕法 你们都<u>欢喜得了不得</u> 我所以这一期赶快把这最要紧的获利法子告诉你们 好叫你们稳稳当当大发财了 [《中国白话报》1903（2）：33]

案例⑩从前一片爱国心肠 也不知不觉 冷淡下来 自然永远肯受德国人的管束 看官 这个计策 也算<u>巧妙得了不得</u> 那里晓得波兰人 也明白德人要波兰人学习德语 不存好心 [《杭州白话报》1902（28）：20]

以上两例都体现出口语语体的色彩，例⑨出现了话语标记的"我想"，例（10）出现了"看官"这一口语词。

总之，"X得了不得"构式中的"X"绝大多数为形容词，绝大多数作谓语，这一构式表示"达到较高的程度"的语义特点，出现在口语语体中。

第四节　"很 +X"构式

在白话报刊中，出现了较多的"很 +X"构式，例如：

案例①　彼此只图得一个现在银钱狠多　势头狠旺　可以钻营的路道很广　就急急的攀附了一头亲　只顾目前　不顾日后 [《杭州白话报》1902（28）14]

案例②　列位看如今的风气　不是比那十年八年以前　要大不相同吗　那时候只有几个明白时势 很有志气的人　见了外国的强　中国的弱　知道中国将来　难与为敌 [《杭州白话报》1902 第二卷（12）23]

下文我们运用"三个平面理论"从句法、语义及语用等方面对"很 +X"构式进行考察。

（一）句法特征

1. 构式"X"的音节数量

考察发现，"X"为单音节的占 21%，双音节的占 22%，多音节的占 57%。例如：

案例③　目前所有的　还不过千百之中的一二　其余应办的事很多　比如工艺上的制造是我们中国收回利权的第一要事 [《杭州白话报》1902 第二卷（12）23]

案例④　我没有在傍边　若要在傍边　替他出个主意　造的大小各物　也就都合式了　反复思想　就觉着很乏困 [《敝帚千金》1904（2）28]

案例⑤　我们中国　已经传下五千余年了　学问是顶好的　道理是最有的　他们

外国人 也<u>很晓得佩服</u> 现在的中国 虽说是比不过外国 但这外国的人 也还是不敢欺负中国的 [《中国白话报》1903（2）68]

2. 构式"X"的语法性质

考察发现，"X"为谓词性词语，分为动词性和形容词性词语，前者占49%，后者占51%。例如：

案例⑥ 养特大笑起来道 这真是奇怪呢 我刚才<u>很想</u>和你一块儿住 恨你没有和我说什么客店 使匆匆追那车夫去 [《杭州白话报》1902第二卷（21）6]

案例⑦ 如今不上几月教得<u>很有功效</u> 更兼黄宗强也懂音乐 因编了好几首歌诀 单备着体操时候唱的 但甲班学生只有五个 到体操时候照着兵式排起来 那人数很不够用 [《中国白话报》1904（6）55]

3. "很+X"充当的句法成分

经过考察，"很+X"构式充当的句法成分主要为谓语，占79%，作宾语的占14%，少数作定语和补语。例如：

案例⑧ 问 冬天松柏两树 都不落叶何故 答 冬天不雕（谢也）的树很多 不止松柏两种 如女贞 木犀皆是 大概皮厚的树总不易落叶 [《杭州白话报》1902第二卷（6）8]

案例⑨ 陈先生在于工商各门的学问 是很有心得的 袁大总统从前打算授他工商总长 陈先生再三不干 自请到外国游历 [《女子白话报》1912（1）5]

案例⑩ 那要买机器的人 必定走到这一家工厂去买 名誉也有了 生意也有了 倒不是算一种很有荣耀的事情吗 [《杭州白话报》1902第二卷（26）3]

案例⑪ 由外务部政务处请旨依议惟举办尚遥遥无期 现由张燕谋侍郎奏请皇太后催办所以近日来催办得很紧 将来的商部尚书 总是吕海寰 侍郎总是张燕谋 伍廷芳闻说现在所拟的章程 都是荣相张侍郎两人的主见 [《杭州白话报》1902第二卷（8）1]

例⑧中"很多"作谓语；例⑨中"很有心得"作宾语；例⑩中"很有荣耀"作定语；例⑪中"很紧"作补语。

（二）语义特点

程度范畴是人类描写、说明、评价事物、行为或性质发展变化状况等客观程度因素的各种主观手段的集合。[①] 其中由程度副词"很"构成的"很 +X"构式表达的是程度范畴，可以说其构式的意义为程度义。例如：

案例⑫ 我们这位黄帝 自从呱呱出世的时候 就有些希奇了 那面貌是四方的啼哭声音 <u>很响亮</u> 生下来不过几个月 各种的话都会说 [《中国白话报》1903（1）17]

案例⑬ 如今这女学校是不可缓的 要想造就大国民 定要先兴女学 但是现在要请一位<u>很靠得住</u>的男人 代我管理 我才放心 [《中国白话报》1903（3）46]

例⑫中"很响亮"表达的是"响亮"的程度；例⑬中"很靠得住"表达的是"靠得住"的程度。

（三）语用价值

考察发现，"很 +X"构式运用于口语语体中，用于陈述语境中，从而突出了事物的性质具有一定程度义。例如：

案例⑭ 照着演义的派头 一段一段演出来给大家听听 以后再把地球的大势各国的地理演出来<u>很有趣味</u>的 比那西游记好玩得多哩 [《中国白话报》1903（1）7]

案例⑮ 内中有个女学生 年纪已是二十上下 姓沈名爱平 他从少喜欢读书也很明白世事 而且也<u>很有些宗旨</u>的 [《中国白话报》1904（5）57]

例⑭中"很有趣味"表示"有趣味"达到一定的程度；例⑮中"很有些宗旨"表示"有些宗旨"达到一定的程度。

---

① 蔡丽：《程度范畴及其在补语系统中的句法实现》，世界图书出版公司，2012年。

总之，"很 +X"构式在句法、语义及语用上都具有一定的特点。在句法上，"X"以多音节为主，单音节和双音节为辅；在语用上，"很 +X"用于口语语体中。

第五节　"X 得慌"构式

在白话报刊中，出现了较多的"X 得慌"构式，例如：

案例 ① 过了一天 忽然想起 买美货的银子 还是我父亲留给我的 可得先到坟上烧烧纸 替他老磕个头 也是我的一点孝心 谁知道上坟倒不要紧 多走了一点道儿 回得家来 觉得身上很<u>累得慌</u> 横在坑上一躺心里还是盘算 怎样买货 怎样销货 [《京话日报》1905-7-16]

案例 ② 北方兵乱极是可危的事情。又没有甚么亲甚么友。有甚么好看。要自己卖了家私。去到北边去呢。想是主人<u>闷得慌</u>。不如奴才跟了。到上海一游罢。不磨听了。[《绣像小说》1903（6）4]

下文我们运用"三个平面理论"从句法、语义及语用等方面对"X 得慌"构式进行考察。

（一）句法特征

1. 构式 "X" 的音节数量

考察发现，"X"为单音节。例如：

案例 ③ 无论他兄弟怎么阻止。他只不听。若真个不肯。还<u>闹得慌</u>了。也不管同室操戈。打官司都情愿的。[《绣像小说》1904（37）46]

案例 ④ 太太担忧。又听得木鱼声敲得更响。隐约有人念什么救苦救难西方玉佛菩萨。太太被他<u>吵得慌</u>。又听了奶妈一派妖言。不由得有些信服。[《绣像小说》1905（54）1]

2.构式"X"的语法性质

考察发现，"X"为谓性，分为动词和形容词。例如：

案例⑤ 两个家人。见不是什么好兆头。都远远的躲开了。劳航芥再把镜子照照自己。额上起了一个块。原来是<u>走得慌</u>了。在墙上撞出来的。劳航芥气愤头上。也不顾前顾后。[《绣像小说》1905（46）255]

案例⑥ 那窗外六七龄的女孩子已带嚷带哭的跳了进来道父亲呵老天已刮雪了你许我的新棉袄怎样了又道肚子里<u>冷得慌</u>鞋袜破了十个指尖儿怪冷痛呢[《小说画报》1917（5）133]

3."X得慌"充当的句法成分

考察发现，"X得慌"构式充当的主要句法成分是谓语，占88%，也可充当宾语，占12%。例如：

案例⑦ 有一晚天气稍些热了。饶鸿生在房间里<u>闷得慌</u>。想把百叶窗开了。透透空气。当下自己动手。拔去销子。把两扇百叶窗望两边墙里推过去。[《绣像小说》1905（48）264]

案例⑧ 我已叫厨房里端整了几样菜请他们。回来就在此地便饭罢。冲天炮说。很好很好。于是四人重复坐下。不到片刻。果然打完了。邹绍衍伸了一个懒腰。说道怪<u>累得慌</u>的。[《绣像小说》1905（55）300]

例⑤中"闷得慌"作谓语；例⑥中"累得慌"作"说道"的宾语。

（二）语义特点

考察发现，"X得慌"构式表达的为程度义。例如：

案例⑨ 王氏听得含笑。说道。这又是为甚么呢。士马道。为甚么呢。他这<u>跑得慌</u>。好叫人家估量他出来看症忙呢。看他这种忙法。自然是医道高明。[《新小说》1903.163-5]

案例⑩ 上海虽是繁华之地。我们有关防的。原不说想去嫖去逛。连想买点东西。总不凑手。实在也<u>闷得慌</u>。老兄你来了挺好。既不是本省的官。又是丁忧的人。我们常谈谈。可不要紧。陈膏芝便道。老兄。你到底是个红人儿。[《新小说》1905-247-08]

（三）语用价值

考察发现，"X得慌"构式运用于口语语体中。例如：

案例⑪ 我今天早起。不见了老七。问小厮们。知道他来了。我一个人<u>闷得慌</u>。也赶了来。想起你们听见说梁天来进京去了。便慌做一堆。[《新小说》1904.202-4]

案例⑫ 我们今天不在地下去爬。还是站着走路也就万幸了。一路想得个好笑。不觉已行至王家营地方。左右打听不出那家有车辆骡马。那街上游勇逃兵。更比清江浦。<u>乱得慌</u>。青天白日。都是大家关着门。没有一个敢出来。[《绣像小说》1903（8）3]

总之，"X得慌"构式在句法、语义及语用上具有一定的特点。在句法上，"X"为单音节谓词，"X得慌"充当的主要句法成分是谓语，少数充当宾语；在语义上，"X得慌"构式表达得为程度义；在语用上，"X得慌"构式运用于口语语体中。

第四章　清末民初复句构式

复句是由两个或两个以上意义上相关、结构上互不做句法成分的分句加上贯通全句的句调构成的。在白话报刊中，出现了转折构式、递进构式、取舍构式、条件构式、并列构式和目的构式等，其句法、语义及语用上具有一定的特点。下文我们将分别考察。

第一节　"虽然 p，但是 q"构式

在白话报刊中，存在大量的转折构式，例如：

案例① 从前乾隆皇帝南巡的时候 到了杭州 造了一个文澜阁 备了许多书 专把那穷苦的读书人 进去看书 贼匪以后 那文澜阁 <u>虽然</u>已经复旧 <u>但是</u>重门紧闭 又远在那西湖上 便有许多不便处 [《杭州白话报》1901（3）3]

案例② 日前有一位客人 行李里了照相干片数打（每一打有十二瑰）这些迎役 一定要打开来瞧瞧 <u>不过</u>照相干片 是不能见光的东西 [《杭州白话报》1902 第二卷（9）1]

下文我们运用"三个平面理论"从句法、语义及语用等方面对转折构式进行考察。

（一）句法特征

1. 转折构式的内部构成

转折构式中 p、q 这两个分句的意思相反或相对，由谓词性词语充当。

例如：

案例③ 近年来连那外国医书药方 也翻印出了几百部 那里有用人眼睛做药的药方 列位<u>虽然</u>不曾晓得化学 <u>但是</u>金石草木 总也是容易识得的 [《杭州白话报》1902（29）2]

案例④ 本朝的定制 太监不能干预外事<u>虽然</u>比明朝好些 <u>但是</u>那几个有权的太监 倒也狠厉害 [《杭州白话报》1902（30）56]

关联词有"虽然—但是、虽然——却、虽是—却、虽说—但、虽则—但是、虽—而、固然—但是、只是、不过、倒"。例如：

案例⑤ 在非洲南面 向来是英国属地 现在要求自立 同着英国打仗 <u>虽然</u>没有打胜 <u>但是</u>脱兰斯哇国人的意思 除非死了 方肯干休 后来能成一自立的国度 也未可知 京城叫做勃兰达利亚 [《杭州白话报》1901（5）10]

案例⑥ 列位 要晓得强国的原由 <u>虽然</u>不是全靠宗教 <u>却</u>也仗着一半 如今孔子的教 连一点米气也没有 如何说得到强国呢 [《杭州白话报》1901（10）20]

案例⑦ 信有一万多字 大略说俄罗斯占据东三省 不肯交还 替中国想 没有别样计策 只有把东三省开作万国公地 照此办法 清朝<u>虽是</u>失去东三省 中国<u>却</u>还好保全十八省 不是这样 [《杭州白话报》1901（14）1]

案例⑧ 我们中国 已经传下五千余年了 学问是顶好的 道理是最有的 他们外国人 也很晓得佩服 现在的中国 <u>虽说</u>是比不过外国 <u>但</u>这外国的人 也还是不敢欺负中国的 [《中国白话报》1903（2）68]

案例⑨ 主妇对婢仆 <u>虽则</u>要有亲爱的感情 <u>但是</u>万万不可损却自己的威严 如若失于过宽 那婢仆必定有狎近不逊的景象来了 所以做主妇的人 总要谨慎自己的 [《杭州白话报》1902（33）36]

案例⑩ 微生物与鬼神 是同一看不见的东西 而鬼神之说 相传已久 微生物之说 不过起于近数十年 所以信有鬼神之人多 信有微生物之人少 近来精细的

显微镜 虽不能家家皆备 而既经多数人的实验 自然知有微生物之人日多 迷信鬼神之人日少了 [《少年》1911（1）7]

案例⑪ 朋友人家 固然是好 但是有些男的两亲家要好 女亲家不曾见面 指腹为婚的也有 十岁八岁定亲的也有 后来成人不成人 生病不生病 都不想他 到了成亲 种种坏处现了出来 [《杭州白话报》1901（6）5]

案例⑫ 凡人去讲求道理的 不是看西洋景 由这面跑到那面去看 就只是坐在这个地方 把一切的嗜好撇开 那本心自从发见出来 就是一个顶刮刮的西洋景了 [《中国白话报》1903（3）33]

案例⑬ 有个学生 十分好学 常常借校内藏书楼的字典翻阅 他有抹口津揭书的恶习 此生暗中已得肺病 不过尚未发现 所以人皆不以为意 后来转入他校去了 [《少年》1911（1）10]

案例⑭ 这种没头没脑的文章 他说会开通人的智识 鼓舞人的精神么 我倒有点不敢相信 况且梁启起的屁 有什么好吃 [《中国白话报》1904（8）7]

2. 转折构式的主语

考察发现，转折构式的主语分为事物名词和指人名词，其中前者占65%，后者占35%。例如：

案例⑮ 丁提督在定远座船上 望见我们兵舰 都被敌船里住 随即傅令将弁燃放大炮 向敌船轰去 那晓得这时候敌船 虽然围住华舰 但是两边相隔 尚有九里之远 [《杭州白话报》1902第二卷（12）23]

案例⑯ 这一类的事情 我们一年里不知道要见到几多 这虽然是医生的不好 不过我们养生的方法 也太不讲究了 [《杭州白话报》1902第二卷（14）1]

（二）语义特点

考察发现，该构式表达转折的构式意义，例如：

案例⑰ 远远又听得一片喊杀的声音 越发逼近来了 那租界的洋兵 虽然不

多 却有胆量 当时并不慌忙 寂无声响 却暗地里都在那要路的口头 一处一处分布 [《杭州白话报》1901（11）22]

案例⑱孩子们虽然不会唱戏 却也狠喜欢唱唱歌 倘然有各种好玩的歌谣 教孩子们唱唱 也着实可以长进他的识见畅快他的性情 [《中国白话报》1903（1）9]

（三）语用价值

1. 表达与预期相偏离的语用功能

吕叔湘先生在论述转折时指出，"所谓不谐和或背戾，多半是因为甲事在我们心中引起一种预期，而乙事却轶出这个预期。因此由甲事到乙事不是一贯的，其间有一转折。"① 尹洪波用预期偏离来揭示转折的机制，"预期偏离折断了惯常的事件关联链条，使得本来相关的两种事件或状态不在相关，在人们心理上造成逆转，因而形成转折。"②

案例⑲丁提督在定远座船上 望见我们兵舰 都被敌船里住 随即傅令将弁 燃放大炮 向敌船轰去 那晓得这时候敌船 虽然围住华舰 但是两边相隔 尚有九里之远 [《杭州白话报》1902 第二卷（12）23]

案例⑳马玉昆回奏道 凡是抵御外侮 固以练兵为要 但说是练兵 尤以筹饷为急 年来国家多事 库款异常支绌 奴才所练的兵 虽然可以抵御外侮 但兵力究嫌太单 [《杭州白话报》1902 第二卷（31）1]

2. 表示已然

案例㉑太后又说到广西的事情 东三省的事情 秦对道 东三省的事情 非广西的事情可比 广西乱事 虽然已经两年 但他并不敢出境一步 可知内中也无人材 [《杭州白话报》1902 第二卷（28）2]

---

① 吕叔湘：《中国文法要略》，商务印书馆，1982 年。

② 尹洪波：《现代汉语转折新论》《汉语学报》，2020 年第 1 期。

案例 ㉒ 幸从一个朋友借得 把试验的对象 备得齐全 向灶中去烧起来 火势**虽然**十足 那药料**仍**烧不上 柴又用完了 要怎么样 [《杭州白话报》1902 第二卷（2）3]

例 ㉑ 中的"虽然已经两年"和例 ㉒ 的"火势虽然十足"都表示已经发生的事情，表示已然。

总之，"不但 p，但是 q"转折构式在句法、语义及语用上具有以下特点：在句法上，p、q 这两个分句的意思相反或相对，由谓词性词语充当，构式的主语以事物名词为主；该构式表达转折的构式义；在语用上，表达与预期相偏离的语用功能，表示已然。

第二节 "不但 p，而且 q"构式

在白话报刊中，存在较多递进构式。例如：

案例 ① 又有说拳匪的本事 真是神通广大 **不但**枪炮不受 **而且**还有红灯照的奇术 只用一班十几岁的姑娘 念起符咒 放起红灯在半天中 那外国的兵船 就都被火烧毁 [《杭州白话报》1901（8）15]

案例 ② 近南北两极的地方 重力就大些 有人查得 重力在南北两极 较在赤道直下的地方 大有二百分之一比例 总而言之 这种重力 都是互相吸引而生的 **不但**地球能够摄物体 即地球也为物体所摄 [《中国白话报》1904（7）31—32]

下文我们运用"三个平面"理论从句法、语义及语用等方面对递进构式进行考察。

（一）句法特征

递进构式由 p、q 两个分句构成，后面分句的意思比前面分句的意思更进一层，由谓词性词语构成。例如：

案例③ 若是不运出来 那是万万不能的 就是运行不灵的时节 <u>不但</u>外面觉得干燥 <u>而且</u>这脂肪里有些杂质极容易变成灰色 [《中国白话报》1904（11）30]

案例④ 且说这各国的联军 要想进京 <u>不但</u>铁路要修理 <u>而且</u>天津附近地方沿路都有官军阻截 若不攻破天津 如何能够过去 [《杭州白话报》1901（12）26]

关联词有"不但—即、不但—就是、不但—还、不但—且、不但—更、非但—也、尚且—何况、别说—也"。例如：

案例⑤ 今见了有花纹的 不禁人人赞好 即惯穿绫罗的人见了 也觉新奇可喜 因此<u>不但</u>民间争买 <u>即</u>朝里的皇帝 也差人到松江定织龙凤麒麟袍服 染成一色的真青大红 [《少年 1911（3）18-19]

案例⑥ 他们讨老婆 真是讨回来一个废物罢了 并且结婚的事体 <u>不但</u>关在一个身体 <u>就是</u>在他自己的种族和公共的国家都有狠大的大关系的 [《中国白话报》1904（10）61]

案例⑦ 若要想法子 不让他们说才好哩 现下我兄弟想出几条法子来 你兄弟们若照样去做 管保他们<u>不但</u>不说我们的坏话 <u>还要</u>恭敬我们呢 [《中国白话报》1904（18）27]

案例⑧ 有两个样子 一凸起来 一凹下去 凹下的是蜜房 凸起的是产卵房 世人若错混同起来 收蜜的时候 <u>不但</u>把好蜜弄坏 <u>且</u>将幼蜂都要误杀了 所以要格外小心 [《中国白话报》1904（21-24合期）80]

案例⑨ 这等的话 不知听了多少 翻译书也不是不好 到底要翻那正经有意的书才好 若是把那些邪僻的书 任意乱翻 <u>不但</u>不能开民的知识 <u>更</u>叫他多加一层胡涂了 [《敝帚千金》1905（2）25]

案例⑩ 做家长的人 做主妇的人 总要用心改革净尽 使全家的人 都明白其中的大害 一家自然兴旺起来了 <u>非但</u>一家兴旺 一国自然<u>也</u>兴旺起来了 [《杭州白话报》1902（33）57]

案例⑪ 要说国家 不是这样 本不是有机体当做机体 人类最会保养身体的 <u>尚且能够</u> 反老还少 寿数长久 <u>何况</u>国家不是有机体的东西 要是遇见会保养的 自然更是要长寿的 必定是长生不老 永远总没有一个消灭的时候 [《敝帚千金》1906（11）24]

案例⑫ 如今年纪大的人 <u>别说</u>是不肯再去学 学<u>也</u>学不完全 我们这才几岁的小女孩 难得生在这文明世界上 赶快立了志 齐了心 苦力向学 十年必定成 [《京话日报》1905-7-5]

（二）语义特点

考察发现，该构式表达递进的构式意义，例如：

案例⑬ 人家既下注来了 你就得舍了命的打呀 打赢了你们<u>不但</u>都好看 <u>而且</u>不至于饿死呀 [《敝帚千金》1904（2）45]

案例⑭ 这报馆好比是引线 维持大局的力量最大 转移人心的力量也最大 我们合群的法子 当从报馆发出来 <u>不但</u>感动的容易 <u>而且</u>传播的也宽广 [《敝帚千金》1904（2）59]

（三）语用价值

1.两个分句表现为主动态

句态，也称"语态"，是指通过一定的语法手段以表明说话者如何处理主体或客体与动作的关系的一种语法范畴，属于语用平面。根据主体或客体的位置以及它们与动作的关系，可以把句态分为主动态（the Active Voice）、被动态（the Passive Voice）和使动态（the Causative Voice）三大类。① 考察发现，递进构式中两个分句均为主动态。例如：

案例⑮ 且说这各国的联军 要想进京 <u>不但</u>铁路要修理 <u>而且</u>天津附近地方沿路都有官军阻截 若不攻破天津 如何能够过去 [《杭州白话报》1901（12）26]

---

① 范晓，张豫峰等：《语法理论纲要》，上海译文出版社，2003年。

案例 ⑯ 等到阅历深时 不知吃过多少亏 花过多少冤钱 这笔账也不能算的了 <u>不但</u>是多花钱 <u>还要</u>叫人笑话 [《京话日报》1904-8-20]

2.用平行结构来表现对比焦点

对比焦点是说话人在动态言语中出于对比目的而有意强调的信息。① 其中可以采用平行结构来表现对比焦点。此时往往采用并列复句的形式，两个或几个小句的某个成分既是本小句的焦点成分，也是其他相应小句的背景成分，互向对比，互向映衬，凸显对比焦点。例如：

案例 ⑰ 若是正人君子 必须是知过立改 知过立改的人 不但<u>不是小人</u> 更<u>是大英雄了</u> [《敝帚千金》1905（2）26]

案例 ⑱ 少年人 以立志为先 譬如一株树 志气好树的根本 事业好比树的枝叶 但人的志气 不但<u>有大小之分</u> 还有<u>邪正之别</u> [《少年》1911（5）1]

例 ⑰ 中"不是小人"和"是大英雄了"作为平行结构表现为对比焦点；例 ⑱ 中"有大小之分"和"有邪正之别"表现为对比焦点。

总之，"不但p，而且q"递进构式在句法、语义及语用上都有自己的特征。句法方面，两个分句由谓词性词语充当，关联词有"不但—即、不但—就是"等；语义方面，表达递进的构式意义；语用方面，两个分句表现为主动态，用平行结构来表现对比焦点。

第三节　"p，或者q"构式

在白话报刊中，存在较多的取舍构式。例如：

案例 ① 凡样果子 通常虽是生鲜时节吃的 但是亦有做他干来的 <u>或者</u>用盐渍 <u>或者</u>用沙塘渍 以便可以长久藏起了 而且还可以为做酒做醋做油的料作

---

① 范晓，张豫峰等：《语法理论纲要》，上海译文出版社，2003年。

[《杭州白话报》1902 第二卷（22）1]

案例 ② 从前的豪杰 都有一种斩钉截铁的气象 如若不敢开罪一个人 在庸人面前讨好 还有甚么难做的事情呢 所以现在的人 宁可行一种权宜的法子 把这一种做官拘执的气习 层层打开 [《中国白话报》1904（9）33]

案例 ③ 斯巴达人 看从军是件最快乐的事 所以母亲送儿子出军 或妻子送丈夫出军 必定说道 你呀 与其拿了你的藤牌回来 不如夺了敌军的藤牌回来呀 [《杭州白话报》1902 第二卷（8）4]

案例 ④ 外国人人能读书认字 那知道中国文义太深 叫他有点知识 明白大局 懂得两门科学 非得六七年的功夫不可 贵报馆热心教育 把开风气的事 引作自己的责任 苦口婆心 编出京话日报来 [《京话日报》1905–3–13]

下文我们运用"三个平面"理论从句法、语义及语用等方面对其中出现较多的"p，或者 q"取舍构式进行考察。

（一）句法特征

取舍构式由 p、q 两个分句构成，由谓词性词语构成，占 96%，个别的由名词性词语构成，占 4%。例如：

案例 ⑤ 听说近来董福祥要把当铺银号 以及别项生意 一概收帐闭歇 多变做现银 他拿这银子 不知有什么用处 或者要想抵敌官兵 也未可知 [《杭州白话报》1901（2）3]

案例 ⑥ 却说顾将军见民党这样团结 一时狠难降服 就进表申奏西班牙 说道如今非律宾民党起义 无非因为各教士藉势欺侮过甚 今必须将教士去逐出境 或者可服民心 西班牙国君 不听他的说话 反说他是个通番的贼臣 因此即召他回国 [《杭州白话报》1901（19）9]

案例 ⑦ 尾端有一二节粪在内的最好 簇要干燥的材料 否则丝的光泽有害 摆簇的地方 或者黑暗的房子 或者四面有光亮的房子 否则做起茧来 恐怕厚薄

不整 [《杭州白话报》1902 第二卷（29）16]

案例 ⑧ 中外日报上载着 有一个人 新近从奉天来 说起奉天地方的俄兵 前回并没有退出 不过移到了铁路附近地方 时常看见有俄兵 或者<u>几百个</u> 或者<u>几十个</u> 来来往往 地方上的政权 早已在俄国人手里 [《杭州白话报》1902 第二卷（30）2]

例 ⑤ 中"他拿银子，不知有什么用处"和"要想抵敌官兵，也未可知"属于谓词性词语；例 ⑥ 中"今必须将教士去逐出境"和"可服民心"属于谓词性词语。例 ⑦ 中"黑暗的房子"和"四面有光亮的房子"属于名词性词语，例 ⑧ 中"几百个"和"几十个"属于名词性词语。

（二）语义特征

考察发现，该构式表达取舍的构式义。例如：

案例 ⑨ 这个消息 恐不的确 奉天将军增祺 日前有电奏 字数不多 略云俄人已准退兵 这事不知是真假 但是<u>俄人 向来用阴柔的手段</u> 或者<u>暂时退兵</u> 以免各国猜忌 又可使中国人服他信实 [《杭州白话报》1902 第二卷（22）1]

案例 ⑩ 今番亚卿兄这件事情 真是有点稀奇 <u>亚卿平常时是谨慎不过的人 再不肯鲁莽从事</u> 或者<u>从中有人作祟 要想陷害亚卿 也是未必</u> 赵再璋道 可不是吗 [《杭州白话报》1903（10）47]

例 ⑨ 中的"俄人向来用阴柔的手段"和"暂时退兵"表示或此或彼的关系；例 ⑩ 中"亚卿平常时是谨慎不过的人 再不肯鲁莽从事"与"从中有人作祟 要想陷害亚卿也是未必"也表示或此或彼的关系。

（三）语用价值

1. 两个分句表现为主动态

句态，也称"语态"，是指通过一定的语法手段以表明说话者如何处理主体或客体与动作的关系的一种语法范畴，属于语用平面。根据主体或客体的位置以及它们与动作的关系，可以把句态分为主动态（the Active Voice）、被动态（the Passive Voice）和使动态（the Causative Voice）三大类。① 考察发现，取舍构式中两个分句均为主动态。例如：

案例⑪ <u>一切经费事情</u> 都是由官经理的 或者<u>官托绅士经理也有</u> 如同浙江大学堂等类便是 一种是私立的 凡堂中的经费 是由一个人捐助出来 这事情自然归他独管了 [《杭州白话报》1902 第二卷（26）1]

案例⑫ 那夜神疲力倦 昏昏睡去 倏忽天又亮了 从廿五到廿九 已经五日 <u>私心巴望</u>或者<u>可蒙薄赦了</u> [《中国白话报》1904（21－24 合期）95]

例⑪ 中"一切经费事情 都是由官经理的"和"官托绅士经理"为主动态；例⑫ 中"私心巴望"和"可蒙薄赦"也为主动态。

2. 用平行结构来表现对比焦点

对比焦点是说话人在动态言语中出于对比目的而有意强调的信息。② 其中可以采用平行结构来表现对比焦点。此时往往采用并列复句的形式，两个或几个小句的某个成分既是本小句的焦点成分，也是其他相应小句的背景成分，互向对比，互向映衬，凸显对比焦点。例如：

案例⑬ 这一笔地价 <u>究竟是州官赔</u> 或者<u>是佃户赔</u> 还没听见准信 [《京话日报》1905－1－6]

案例⑭ 到了考的年分。不差什么。人人都可以考取文凭。就有几个不中用的。或者<u>天分不好</u>。或者<u>不肯用功</u>。考上一两回。领不上文凭。他自己也自然就不干了。 [《京话报》1903（6）8]

例⑬ 中"究竟是州官赔"和"是佃户赔"是平行焦点；例⑭ 中"天分不好"和"不肯用功"也是平行焦点。

---

① 范晓，张豫峰等：《语法理论纲要》，上海译文出版社，2003 年。
② 范晓，张豫峰等：《语法理论纲要》，上海译文出版社，2003 年。

第四节　"只要p，就q"构式

在白话报刊中，出现了较多的条件构式，表现为"只要p，就q"。例如：

案例① 常言道 天下无难事 只怕有心人 所以处着这种世界 <u>只要</u>人人有个保种的心思 那黄种<u>便</u>保下来了 [《杭州白话报》1901（8）16]

案例② 话说地球上不论什么国度 他总有一个教主 我们白话报中 演一种书 唤地球问答 凡什么国 奉什么教 都说得明明白白 列位<u>只要</u>检出来 仔细看一看 <u>便</u>晓得了 [《杭州白话报》1901（15）1]

下文我们运用"三个平面"理论从句法、语义及语用等方面对其中出现较多的"只要p，就q"条件构式进行考察。

（一）句法特征

考察发现，构式的两个分句由谓词性词语充当，例如：

案例③ 列位要晓得学堂多一个好一个 <u>只要</u>有人肯出来办学堂 <u>便是同那一位麗氏一样热心</u> 不是麗家开了学堂以后 就有人开学堂 也算不得是热心人 [《杭州白话报》1901（14）1]

案例④ 工艺院专请有名的工匠 教导学生 并末有什么三年徒弟四年半作的规矩 <u>只要</u><u>手段高强</u> <u>便</u><u>好出院</u> 自家去寻生意赚钱 你道这个办法好么 [《杭州白话报》1901（9）1]

例③中"有人肯出来办学堂"和"是同那一位麗氏一样热心"是谓词性词语；例④中"手段高强"和"好出院"也是谓词性词语。

（二）语义特征

考察发现，该构式表达条件构式义。例如：

⑤ 由这样看起来 可见孔子的为人 是个很想行道的 <u>只要</u>得人君的信用 <u>就</u>可以利用他人的势力 行自己的改革 [《中国白话报》1904（14）31]

⑥ 他说上天生人 都有可以为善的性 <u>只要</u>受了教化 自然<u>就</u>为善人了 [《中国白话报》1904（21-24 合期）66]

例⑤中"得人君的信用"是"可以利用他人的势力 行自己的改革"的条件；例⑥中"受了教化"是"自然就为善人了"的条件。

（三）语用价值

1. 两个分句用主动态

句态（voice），也称"语态"，是指通过一定的语法手段以表明说话者处理主体或客体与动作的关系的一种语法范畴，属于语用平面。根据主体或客体的位置以及它们与动作的关系，可以把句态分为主动态（the Active Voice）、被动态（the Passive Voice）和使动态（the Causative Voice）三大类。考察发现，条件构式的两个分句均采用主动态。

案例⑦ 那诗上谕上 把那个人问的事 说得点点对对 那个方 那个符 有病的人 <u>只要吃下去</u> 病便会好起来 [《杭州白话报》1901（17）1]

案例⑧ 那张止东是个视钱如命的无耻小人 那有不答应的吗 即共几个盗伙说通了 <u>只要一万银子</u> 便把玫瑰花献出 钟国洪得了信息 不胜之喜 [《中国白话报》1903（2）51]

例⑦中"只要吃下去"和"病便会好起来"为主动态；例⑧中的"只要一万银子"和"便把玫瑰花献出"也为主动态。

2. 在句类上用陈述句

句类是指句子表达功能的类别，是句子最重要的语用分类。所谓句子的表达功能就是指句子的语用目的，它是通过句子不同的语气表现出来的。考察发现，条件构式在句类上用陈述句，例如：

案例 ⑨ 他们虽然新书不大寓目 但你们若去请教他现在有什么新书没有 他只要回到家里躭搁一两点钟的工夫 便能够把上海一切的新书 洋洋洒洒写出一张目录 [《中国白话报》1904（8）2-3]

案例 ⑩ 问 怎么叫知觉呢 答 真皮里有尽头的神经 只要外面稍微有物事砸着身子 无有不晓得的 这就叫做知觉 若说身子一没有知觉那就是麻木的了 [《中国白话报》1904（10）38]

总之，"只要 p，就 q"条件构式在句法、语义及语用上具有以下特征：在句法上，构式的两个分句由谓词性词语充当；在语义上，构式表达条件构式义；在语用上，两个分句用主动态，在分句上用陈述句。

第五节　"既 p，又 q"构式

在白话报刊中，出现较多的并列构式，主要表现为"既 p，又 q"。例如：

案例 ① 原来这位姑娘 名唤飞卿 陈隐生他时节 已是四十多岁 转瞬三年 他母亲一病去世 陈隐既无亲戚 又少兄弟 父女两个 将就挨着日子过去 [《杭州白话报》1903（3）10]

案例 ② 有这五种害处 酒好饮的么 大家不饮酒 既可以养身 又可以省钱 任酒捐怎样利害 多捐不着我了 [《杭州白话报》1902（30）2]

下文我们运用"三个平面"理论从句法、语义及语用等方面对其中出现较多的"既 p，又 q"条件构式进行考察。

（一）句法特征

考察发现，构式的两个分句由谓词性词语充当，例如：

案例 ③ 那快的已好几尺高 枝叶茂盛 把那慢的遮在底下 既吃不着露水 又受不着阳光 那里还生长得了 自然的萎败下来 [《京话日报》1904.10.12]

案例④ 这一派的人 除了笑骂 没有别的事体 既骂守旧党 又骂新学家 对着年老的 就骂他昏聩胡涂 对着年轻的 就骂他少不更事 [《湖州白话报》1904（1）3]

例③ 中"吃不着露水"和"受不着阳光"属于谓词性词语；例④ 中"骂守旧党"和"骂新学家"也属于谓词性词语。

分句的主语有两种情况：一种是相同的，另一种是不同的。例如：

案例⑤ 我国风气未开 商部再三晓谕 劝各省设立商会 各商人还观望不前 这都因没有知道此中的益处 心中疑惑不定 但各处商人 既无学问 又无识见 就是勉强立个商会 也不过如会馆的团拜 不见得有什么益处 焉能就有进步 [《京话日报》1904-10-18]

案例⑥ 自从汽油（又名挥发油）也可以行得舟车以来 探极的事便容易了好多 因为探极的人 必要用船 而一到两极 煤既无处可买 树又不生船 即不能行动 如用汽油则携带简便 不至有无煤之叹 探北极的人 也是用了他才成功的 [《少年》1911（8）15]

例⑤ 中"既无学问，又无识见"两个分句的主语是"各处商人"；例⑥ 中"煤既无处可买 树又不生船"两个分句的主语分别是"煤"和"树"。

（二）语义特征

考察发现，该构式表达并列构式义。例如：

案例⑦ 有这五种害处 酒好饮的么 大家不饮酒 既可以养身 又可以省钱 任酒捐怎样利害 多捐不着我了 [《杭州白话报》1902（30）2]

案例⑧ 洪启勋的兵 平日既不甚看重他 又且粮饷不厚 谁还肯出死力吗 所以连日开仗 官兵屡败 乱党屡胜 把个庆尚道地方 又被乱党占踞去了 [《杭州白话报》1902 第二卷（2）4]

例⑦ 中"既可以养身"和"又可以省钱"表示并列构式义；例⑧ 中"既

不甚看重他"和"又且粮饷不厚"也表示并列构式义。

(三)语用价值

1.用平行结构来表现对比焦点

焦点（focus）是指句子所表达的信息中着重说明的部分或者发话人有意强调的部分，属于语用平面。[①]平行结构表现对比焦点往往采用并列复句的形式，两个或几个小句的某个成分既是本小句的焦点成分，也是其他相应小句的背景成分，互相对比、互相映衬、凸显对比焦点。考察发现，并列构式中呈现出对比焦点。例如：

案例⑨ 你总要把我的祖宗争口气 这话又像个要人争气 <u>既要耐气</u> <u>又要争气</u> 到底做人怎样做法呢 如今我知道了列位听我讲来 原来这个气字 根源是一样的 用场却有两样 用在正路上 便是好的 叫做志气 [《杭州白话报》1902 第二卷（8）15]

案例⑩ 自欧印交通以后 葡人先来互市 荷兰人继其后 开设公司 推广商务 印度全国 几做了荷人的贸易场 一面经商 一面整武 <u>既欲侵占印度的土地</u> <u>又要把持印度的利权</u> [《杭州白话报》1902 第二卷（23）16]

例⑨中"既要耐气"和"又要争气"两个分句呈现出对比焦点；例⑩中"既欲侵占印度的土地"和"又要把持印度的利权"两个分句也呈现出对比焦点。

2.使用主动态

句态（voice），也称"语态"，是指通过一定的语法手段以表明说话者如何处理主体或客体与动作的关系的一种语法范畴，属于语用平面。根据主体或客体的位置以及它们与动作的关系，可以把句态分为主动态、被动态和使动态

---

① 范晓，张豫峰等：《语法理论纲要》，上海译文出版社，2003 年。

三大类。① 考察发现，并列构式中两个分句使用的为主动态。例如：

案例 ⑪ 列位莫错讲了 都是他平常的学问 有真实的本领 遇着事 看得到 讲得透 所以能够勇往直前去做 没有一毫退缩的意思 这才算得是有识有胆 智虑高强 不是那些胡闹的人了 <u>身体既强</u> <u>智识又强</u> 不论什么大事业 都可做得[《杭州白话报》1902 第二卷（4）8]

案例 ⑫ 钟承祖气的眼红耳热 <u>既推不下去</u> <u>又站不起来</u> 正在为难的时候 被卢阿么一个耳刮打去 说你这倒霉鬼 那里来的晦气[《京话日报》1904.11.14]

例 ⑪ 中"身体既强"和"智识又强"使用的为主动态；例 ⑫ 中"既推不下去"和"又站不起来"使用的也为主动态。

总之，"既 p，又 q"并列构式在句法、语义及语用上均有自己的特点。在句法上，两个分句为谓词性词语，分句的主语有两种情况：一种是相同的，一种是不同的；在语义上，构式表达并列的构式义；在语用上，用平行结构来表现对比焦点，两个分句使用的是主动态。

第六节　"p，以便 q"构式

在白话报中，出现了较多的目的构式，例如：

案例 ① 筑一条铁路 要想等这条铁路筑好 <u>以便</u>调兵来取我们中国的东三省 恰好碰着去年义和团的事情[《杭州白话报》1901（11）6]

案例 ② 湖北省沙市地方的税务司姓计的 因明年日本举行第五回赛珍会 不惜多金 分派中国人 购买湖北内地一切产物 <u>以便</u>运到日本 襄助赛务[《杭州白话报》1902 第二卷（2）1]

下文我们运用"三个平面"理论从句法、语义及语用等方面对其中出现较

---

① 范晓，张豫峰等：《语法理论纲要》，上海译文出版社，2003 年。

多的"p，以便q"目的构式进行考察。

（一）句法特征

考察发现，构式的两个分句由谓词性词语充当，例如：

案例③ 现在各国要索 开通北京为租界 以便整顿道路 听说所定地段 系崇文门以西 至顺治门以东 北起前门 南至珠市口大街[《杭州白话报》1902 第二卷（21）1]

案例④ 那个木箱 也要开个小孔 以便通气 如木箱里蚕子放得多 那箱就要做大些[《安徽俗话报》1904（10）18]

例③ 中两个分句为"现在各国要索 开通北京为租界"和"整顿道路"；例④ 中两个分句为"那个木箱 也要开个小孔"和"通气"。

在目的构式的两个分句中，我们发现后分句相对于前分句较短。例如：

案例⑤ 地球是个浑圆的 本来也分不出什么东西南北来的 于是人定了经纬线 以便测算[《安徽俗话报》1904（14）38]

案例⑥ 南省禁米出口 已有多年 近来米价渐平 各码头积货太多 米商源和利等 据情禀求南洋大臣 暂时开禁 以便流通 当奉批驳[《京话日报》1904.11.9]

例⑤ 中前分句为"于是人定了经纬线"，后分句是"测算"；例⑥ 中前分句为"据情禀求南洋大臣 暂时开禁"，后分句为"流通"。

（二）语义特征

考察发现，该构式表达目的构式义。例如：

案例⑦ 这位亲王 颇讲究时务 曾经在蒙古设立学堂 此番出来 以便察看情形 增长见识 听说假期将满 拟耽搁七日 即须回京销假[《杭州白话报》1902 第二卷（22）2]

案例⑧ 若空气已经腐败 还不知把门窗大开 以便递换 将吸取一种臭浊的气味 血质尽变霉毒 这就是大人 也要生病 还说是小孩子吗[《安徽俗话报》

1904（12）16]

（三）语用价值

1.运用主动态

句态（voice），也称"语态"，是指通过一定的语法手段以表明说话者如何处理主体或客体与动作的关系的一种语法范畴，属于语用平面。根据主体或客体的位置以及它们与动作的关系，可以把句态分为主动态（the Active Voice）、被动态（the Passive Voice）和使动态（the Causative Voice）三大类。考察发现，目的构式中分句使用的是主动态。

案例⑨ 卫辉府城西十余里 新庄左近 有一盂家女河 铁路必由此地经过 该处夏间水发 其势甚大 故福公司 特在此处 造铁桥 长三丈余 以便过渡[《杭州白话报》1902 第二卷（17）2]

案例⑩ 日本国的人本来恨俄国 极欢喜共俄国开战的 现在天天盼望俄国也把哀的美敦书递给他 以便彼此好见输赢[《中国白话报》1903（3）56]

例⑨中"故福公司 特在此处 造铁桥 长三丈余 以便过渡"属于主动态；例⑩中"现在天天盼望俄国也把爱的美敦书递给他 以便彼此好见输赢"。

2.使用陈述句

句类是指句子表达功能的类别，是句子最重要的语用分类。在汉语里，大致有五种基本语气：陈述语气、疑问语气、祈使语气、感叹语气和呼应语气，相应地也有五种不同的句类：即陈述句、疑问句、祈使句、感叹句和呼应句。考察发现，目的构式中使用的为陈述句。

案例⑪ 请问如今讲究字学 必须懂得门径 才好下手做工夫 姑丈可否把字学的源流沿革 细述一遍 以便我自己考究了之后 方好教与儿子[《中国白话报》1904（19）55]

案例⑫ 听说他所最注意的 是南洋群岛 同香港等处 他的办法 是每人给

一张护照 注明各人的生日 带在身边 以便随时可以稽查 [《河南白话演说报》1908（132）1]

例⑪中"姑丈可否把字学的源流沿革 细述一遍 以便我自己考究了之后 方好教与儿子"属于陈述句；例⑫中"他的办法 是每人给一张护照 注明各人的生日 带在身边 以便随时可以稽查"也属于陈述句。

总之，"p，以便 q"目的构式在句法、语义及语用上皆有自己的特点。在句法上，构式的两个分句由谓词性词语充当，后分句相对于前分句较短；在语义上，该构式表达目的构式义；在语用上，构式运用的是主动态，使用的是陈述句。

综上，我们运用"三个平面"理论对"虽然 p，但是 q"转折构式、"不但 p，而且 q"递进构式、"p，或者 q"取舍构式、"只要 p，就 / 便 q"条件构式、"既 p，又 q"并列构式、"p，以便 q"目的构式进行了详细考察，发现各自的特点，对清末民初白话报刊中的复句构式有了较为深入的认识和把握。

第五章　清末民初话语标记初探

考察发现，在清末民初白话报中，存在较多话语标记。殷树林（2012）认为，话语标记是具有独立语调的、编码程序信息用来对言语交际进行调节和管控的表达式。[①]对于话语标记的功能，可分为语篇功能、人际功能、互动功能。下文将从话语标记的三大功能方面分别阐释。

第一节　具有语篇功能的话语标记

话语标记的语篇功能是指话语标记可以作用于语篇的建构，具体地说，可以表示语篇的开始、发展和结束，可以表示话题的设立、发展、切换和拉回，可以表示各种具体的语义（或语用）关系，话语标记还可以用来引发、转接和占据话轮。[②]

一、连接标记

主要包括：以上、且说、却说、总之、话说、欲说、要说、闲话休提、并、共、与、合、且"等。

案例 ① 那童养媳 从小到了夫家 便受那婆婆的苦楚 仿佛大户人家 待那小厮丫头一股 这也不过略说一二 此外可怜的人 却也不少 我也说不了许多 <u>总之</u> 我们大家 同生在中国 都是同胞弟兄 你们要晓得同胞弟兄 若说是自相杀害 那

---

① 殷树林：《现代汉语话语标记研究》，中国社会科学出版社，2012 年。
② 殷树林：《现代汉语话语标记研究》，中国社会科学出版社，2012 年。

旁人便要来欺侮了 [《杭州白话报》1901.3.2]

案例② 话分两头 <u>且说</u>玫瑰村因出了这场人命重案 凶手久未拿获 外面谣言蜂起 有的说是郑希成孤魂作怪 有的说是葛思明冤鬼寻仇 有的说张止东遭了天诛 有的说光复会又行暗杀 众论纷纷 [《中国白话报》1904.10.65]

案例③ <u>却说</u>这黑天国里的狱官巡警 个个都是至贪极暴的蠢物 比那阴曹十八层地狱的夜叉鬼 还要狞十倍 他们遵奉朝廷的密旨 待那得罪朝廷的囚犯 格外残刻 [《安徽俗话报》1904.11.23]

案例④ <u>话说</u>吾国中古 最兴盛的时代 要算唐朝 唐朝的初年 并威远震于四方 各处外国人 都知有个大唐国 所以直到今日 外人尚称中国人为唐人 中国文为唐文 即此可见当日生威 [《少年》1911.4.1]

二、信息来源标记

主要有"据说、闻道、听说、据演报的人说、闻说"等。

案例⑤ 若是我们中国的妇人 <u>闻道</u>丈夫被敌兵拿去 那上等的妇人 除了哭哭啼啼之 [《杭州白话报》1901.9.12]

案例⑥ 况且现在的事体 比古来格外稀奇 格外要紧 所以出了许多新书 同那各种报章 把你们看 但是你们不识字 那里能看呢 这么看来 你们虽然有了眼睛 岂不是同那瞎子一般么 <u>据说</u>现在中国 大约有四万万人 那四万万人 一半是女的 一半是男的 [《杭州白话报》1901.2.1]

案例⑦ 现在和议 大约可以定了 赔款四百五十兆 外国人要盐税作押 <u>听说</u>庆王爷不肯 上一本折子 说盐税是中国人自家要用的 押把外国 自家拿什么钱呢 [《杭州白话报》1901.1.3]

案例⑧ 看官 你想这个瘟鬼 是什么人亲眼瞧见呢 这不是末有凭据的话么 <u>据演报的人说</u> 瘟疫是地面上龌龊的缘故 [《杭州白话报》1901.2.3]

第二节　具有人际功能的话语标记

人际功能是指语言用来确立和保持各种社会关系的功能。话语标记的人际功能主要表现在表明态度、调整语力、维护面子等。①

一、语气标记

主要有"呢、哩、吗、呀、哪、啦"等。

案例① 宫里头有个信息传出来道 这几天皇太后害了病 连日叫太医院的医生进去诊脉 听说那病症是头晕 心里燥烦得狠 夜里头常常睡不着 那位李总管也害了疟疾 天天寒热往来 躺在床上 后来太医院医生顺便看了好几回 听说这几天疟症已经好了 可巧又害了一个痢病 吃药也不见得十分大差哩[《中国白话报》1903.1.27]

案例② 日本报上这么说 我想印度人也是亡国之民 他们能够如此 我们的国可怕得狠 为甚没有人多开些会 想想法子哩[《中国白话报》》1903.2.32]

案例③ 俄公使说道 中俄两国 交情是很好的 俄国并没有占中国土地的意思 中国万不可听信别国的话 坏了两国的交情 这种话不是把政府当小孩子哄吗[《中国白话报》1903.2.30-31]

案例④ 我们这位皇太后 召见一个太子少保一个提督军门 问他道现在俄国占了东三省 我这中国的大局 一定危险的了 你们都是有本领的 可能够保这大局吗[《中国白话报》1903.1.26]

案例⑤ 非列滨的地方 近日起了剧烈大风 伤死人命无数 只因电线被风吹

---

① 殷树林:《现代汉语话语标记研究》,中国社会科学出版社,2012年。

折了 所以寔在的人数 还没有查考呢 [《安徽白话报》1908.1.9]

案例⑥ 南京铜元厂 新造出的一文小铜元 现在已运解数十万来苏 分发各钱店行用 居民看见的都极乐用 大家纷纷兑换 没奈各钱店赃心太重 兑出要拿小铜元九十枚作一百文算 所以民间还不能通行哪 [《安徽白话报》1908.2.6]

案例⑦ 金鸡县 有个教民颜某 想占吴某的房屋 到县诬控 吴某为窃 后经该县杜大令提案讯明 实在诬控 又胆敢咆哮公堂 杜令就禀明抚台批准照例定罪 并饬洋务局知照该管主教 不得干涉 咳 不法的教民 到处都有 可惜到处的官 不是杜大令哪 [《安徽白话报》1908.2.6]

案例⑧ 前日国品物陈列所内 某宜令齐陶器柜台上 遗有皮夹一个 内装汇票三万金 钞票三百多元 过了一个小时 有个日本人 气喘喘的跑来 已向所到各处 偏寻了一次 都没有 该齐执事 潘仲杜三位 叫他找个保证人 如数检还 该日人感激万分 拼命地脱帽行礼 说多谢多谢而去 这三位真正的可敬啦 [《安徽白话报》1908.2.8]

二、感叹标记

主要有"咧、哈哈、唉、嗳呀、哎呀、咳、咦、哼、哼哼、呵"等。

案例⑨ 现在和议将就可以定了中国赔外国的兵费 总共四百五十兆一百万叫一兆 四厘起息 分四十年完清 每年连利息计算 应付银二千二百七十三万六千五百二十五两 咳 现在的中国 穷极了 这许多银子 从什么地方去打算呢 这不是义和团弄出来的事么 若是北方的百姓 早有白话报看 自然心里渐渐明白 完肯胡闹么 据此看来 开发民智 要紧不要紧 [《杭州白话报》1901.1.2]

案例⑩ 湖北藩台李珉琛 烟瘾大的很 一时未能戒绝 现在禁烟大臣要来鄂查验 他就惊慌的了不得 特禀请陈筱帅 自己到戒烟所内住宿戒烟 咳 这总算是不容易的 小官听者 [《安徽白话报》1908.1.8]

案例 ⑪ 潍县官盐的价钱 逐年增涨 贩子零卖每斤已值京钱五六十文 自从七月初一日起 实行每斤加价六文 那些贩子更有所籍口 现在零卖的每斤竟涨到八十六文了 唉 那些贫苦小民 怎么吃得起呢 只好淡死吧 [《安徽白话报》1908.1.8]

案例 ⑫ 西藏就近着四川这一边 也是我们中国的地方 俄国既占了奉天 他的意思还想再占西藏 英国因为西藏地方着实富足得很 倘然得了西藏 将来就可以造一条铁路 一直通到四川 那时四川就在他手掌里了 因就派了三千名印度兵闯进西藏 那西藏的百姓吃亏 想来也共东三省差不多了 唉呀 这怎么好 [《中国白话报》1903.1.23—24]

案例 ⑬ 吴江县李大令 前日把盛泽镇的教民 无故闹事的情形禀报江督 现在奉江督批准 叫该县赶紧把为首闹事的教民赵某等四人 严拿惩办 以儆凶横而保治安 哈哈 真痛快 [《安徽白话报》1908.1.8]

案例 ⑭ 政府现在想个弄钱的法子 准人报効巨欵 奏奖实官 大致凡报効万金以上的 准以道员请奖 六千金以上的 以知府请奖 四千金以上的 准以同知隶州请奖 二千金以上的 准以知县请奖 一千金以上的 准以佐贰请奖 一千金以内的 准以从九未入请奖 这岂不是一个弄钱的好法子吗 嗳 维新 立宪 救亡 当先从卖官入手 哈哈 请看将来的人才吗 强盗 扒手 乌龟 忘八 哀哉中国 [《安徽白话报》1908.2.7]

案例 ⑮ 体育专修学堂管理王君 现在发明一种三轮自行车 约每日能行三百里 已招工匠 如法制造 候成功后试验有效 就呈商务局立案 专利出卖 哈哈 可见我中国人的聪明并不在西人之下哪 [《安徽白话报》1908.2.7]

案例 ⑯ 这几年来 俄国的商人对着蒙古 极力经营 每年必从满洲里驿及海拉尔等处 组织若干商队 深入蒙古内地 收买家畜皮毛等货 借此探访内情 哼 令人不测 [《安徽白话报》1908.1.7]

案例⑰登台演说的 有十多个人 有的是怒气冲天的 有的是慷慨激昂的 有的派拿张良椎击他的 有的顾不要性命与他死战的 这是什么缘故呢 不过是因为他在绍兴专以杀人取乐这点小事啊 咳 你们要知道 堂堂知府大人 杀几个小百姓取取乐 又算了什么事呢 你们这一开会 糟了 倘若他真来了 哼哼 诸位诸位 危险呀 危险呀 [《安徽白话报》1908.2.5]

案例⑱省城巡警道卞观察 现在订了一个章程 凡膏店都要到禁烟公所去领执照 挑膏的人也要去请执照的 不然就不准买卖 那往来皖省的客商有吃烟的 也定要报领旅行小票 才准挑膏呵 [《安徽白话报》1908.1.6]

案例⑲省城女师范学堂 有一位历史兼舆地的教习刘某 每回在讲堂上不许学生问难 稍拂他的意思 就大声辱骂 实在野蛮的很咧 听说学生们候他下回上课再要照这样就一齐罢课了 [《安徽白话报》1908.1.6-7]

案例⑳山东保矿会 已被抚台解散了 现在听说德国公使对着保矿会 还是极力的干涉 咦 自己保自己的矿又犯了法吗 咳 不但民权没有了 简直连人权也没有了 [《安徽白话报》1908.1.7]

案例㉑贵大公祖得了这封信 所以急急乎的要赴这欢迎大会了 哈哈 桐城文明之地 断没有这个姓黄的 广德干净土地 也断没有这个姓黄的 哈哈 中国人现在的人格虽不高大 然亦断没有这个姓黄的 怕是谣传 嗳呀 老天呀 但愿得是谣传 不然 倘若真有这个人 真有这封信 一旦大公祖到任 这黄某把开会诸位的姓名 开个册子送去 哼哼 那还了得吗 嗳呀 在下的想到这里 心好痛呀 [《安徽白话报》1908.2.3]

三、言语标记

言语标记可统一标示为"你/你们/我+V言语"类，包括："你+道/说/看/想"类、你们想想、我+想、我看、试想想、试想、试看、你道、你说、你想、你们想想、你们看看"等。

案例 ㉒ 若是遇着我们中国古来那一种野蛮兵 见了脱帽 正好杀头 见了倒拿洋枪 正好抢夺 这种举动 叫做乘人之危是趁他力穷救绝的时候 我们好加倍欺侮他 那堂堂大丈夫不肯做的 你们看看他美国英国 这一桩打仗的事体 应该也熟悉些外国的风俗情形么 后来马江九降了霓德 两下罢兵 自此美国 就做了自立的国度 再也不受英国的管束了 [《杭州白话报》1901.10.14]

案例 ㉓ 听说用新法子教新书的蒙学堂 已经有十数个 还有一个姓陈的 独自一人拿出极大的款子 国了一个蒙塾 房屋也好 功课也好 列位 你道姓陈的这个人好不好 [《杭州白话报》1901.2.1]

案例 ㉔ 如今富的越发富了 苦的越发苦了 据说陕西地方 一石米价 要廿十七两银子 穷苦的人 便把人肉来卖 列位 你道陕西苦不苦么 [《杭州白话报》1901.2.1 － 2]

案例 ㉕ 东三省各衙门 以及那财主住的大房子 都把俄国兵占去了 那些财主弄得没地方居住 所有的好家伙 也都没有了 你道那满洲人可怜不可怜 [《中国白话报》1903.1.32]

案例 ㉖ 每打一次败仗 必要把那块的民房铺户 烧个干净 老男有女 杀个痛快 方才逃走 你说可恨不可恨 [《京话日报》1904.8.18]

案例 ㉗ 太阳的光亮 单照着月体的一半 现在我们所住地方爲东半球 那向着太阳的一半月体 不能常常看见 你想每月初一时候 那月亮明面便是向着太阳的一半月体 全然背着东半球 所以我们一无所见 [杭州白话报 1901（19）5]

案例 ㉘ 出使俄国钦差大臣姓胡名惟德 前两天打个电报到北京 说道大祸要到了 我们中国危险得很 请各位赶紧设法 救这大局 胡钦差住在俄国 他的信息一定是打听得狠真的 你看这个电报的说话 可怕不可怕 [《中国白话报》1903.1.24]

案例㉙ 宜兴县五天日间 遭了大雨 把田禾淹得干净 入秋来 又遭了旱 那些富人看见秋收无望 他便囤积居奇 所以把米价弄得非常之贵 现在一升米要值九十多文 你想那些小民 怎能够不饿死呢 [《安徽白话报》1908.1.9]

案例㉚ 唉 我看敝国怎么样好 中国人道 贵国要算好呢 敝国现在的危险 说来真吓死人 外国早经看中国的土地是个瓜 劈开来 好一片一片 各自匀分 [《杭州白话报》1901.1.3]

案例㉛ 倘然不通知俄国 同了布国 两国便同时起兵 废那新立的国王 你们想想 波兰要立国王 同俄国什么相干 那俄国偏要管他的事体 这个心思 岂不是要灭波兰的国度么 [《杭州白话报》1901.1.3]

案例㉜ 来了一个法国的人 带了中国的巡捕 四处拿人 一拿拿去了五六个你们想想 我们京城 把外国占去 还有什么高兴 要去游玩呢 那里晓得游玩了 还要闹出这种不体面的事体 你们想丢脸不丢脸 [《杭州白话报》1901.3.2]

案例㉝ 此番波兰国里大乱 自家不去平定 反仗着如狼如虎的俄罗斯 压制百姓 等到大祸临门 自然懊悔不及了 唉 从古那兴国灭国的成案 那一件不是自家造起来的么 我看那近俄的国度 如同瑞典 丹麦 到了现在 仍然保守得住 这么看来 那波兰也不算是俄国灭的 [《杭州白话报》1901.3.7]

案例㉞ 话说你们所恨极洋人的两件事 就是鸦片烟 同那说耶苏教了 我今先将鸦片烟的缘由 说个明白 这鸦片烟 本是印度地方所出 自从那年印度国 归了英国管辖 那印度地方便苦得狠 只有鸦片烟草 算是地方上的出产 [《杭州白话报》1901.4.6]

第三节　具有互动功能的话语标记

清末白话报刊的口语化特征使得具有互动功能的话语标记出现较多。话语标记的互动功能主要表现在话语标记可以用来提醒受话人、进行应对、确立共同认知状态和寻求受话人认同等。①

一、人称标记

主要包括："诸位、列位、同胞、看官、在下、我、我们、姓＋君＋名"

案例 ① 看官 你道这部书 何以名为救劫传 原来世界上从古到今 没有几千年长享太平的朝代 多则百年 少或几十年 必有一番扰乱杀戮的事 [《杭州白话报》1901.2.1]

案例 ② 直到现在连蒙古地方 弄得也归服了俄国 我们又暗中失了一块好地方 看官 看官 端董从前口口声声说我是忠臣 难道这种卖国的贼 还说是忠臣吗 [《杭州白话报》1902（33）1]

案例 ③ 苏州地方 听说用新法子教新书的蒙学堂 已经有十数个 还有一个姓陈的 独自一人拿出极大的款子 国了一个蒙塾 房屋也好 功课也好 列位 你道姓陈的这个人好不好 [《杭州白话报》1901.2.1]

案例 ④ 现在日本和俄国开仗 事情狠多 不过军情是千变万化的 要一个月才登上 未免太迟了 所以这报 只记那些顶新顶大的事情 别的一概不登 列位可要原谅原谅 [《江苏白话报》1904.1.15]

案例 ⑤ 这是什么缘故呢 不过是因为他在绍兴专以杀人取乐这点小事啊 咳你们要知道 堂堂知府大人 杀几个小百姓取取乐 又算了什么事呢 你们这一开会糟了 倘若他真来了 哼哼 诸位诸位 危险呀 危险呀 [《安徽白话报》1908.2.5]

案例 ⑥ 日本最有名的政治家犬养毅 现在因为日政府议决撤驻北清的兵队大不愿意 说此次撤兵 于外交上大不利 我国近日大伤清国的感情处很多 今忽然出这样卑劣的政策 想得清政府的欢心 恐怕还是没劲的 这一举不但对着清国

---

① 殷树林：《现代汉语话语标记研究》，中国社会科学出版社，2012 年。

外交上为失策 且恐招列强的侮慢 唉 <u>同胞同胞</u> 犬养毅这几句话 我们睡到五更半夜要想想呀 [《安徽白话报》1908.2.10]

案例⑦ 华人丢脸 京城里有一个地方 叫做景山 景致顶好 寻常的百姓 向来不准进去 因为是皇上常到的地方 自从去年各国的兵 进了京城 才准人随便进去游玩 后来有一日 中国的人 男男女女 进去游玩的太多 拥挤不开 闹得不成样子 外国人来游玩的 因为他不安静 心里狠不舒服 来了一个法国的人 带了中国的巡捕 四处拿人 一拿拿去了五六个 你们想想 <u>我们</u>京城 把外国占去 还有什么高兴 要去游玩呢 那里晓得游玩了 还要闹出这种不体面的事体 你们想丢脸不丢脸 [《杭州白话报》1901.3.2]

案例⑧ 西藏就近着四川这一边 也是<u>我们</u>中国的地方 俄国既占了奉天 他的意思还想再占西藏 英国因为西藏地方着实富足得很 倘然得了西藏 将来就可以造一条铁路 一直通到四川 那时四川就在他手掌里了 因就派了三千名印度兵 闯进西藏 那西藏的百姓吃亏 想来也共东三省差不多了 唉呀 这怎么好 [《中国白话报》1903.1.24]

案例⑨ 出使俄国钦差大臣姓胡名惟德 前两天打个电报到北京 说道大祸要到了 <u>我们</u>中国危险得很 请各位赶紧设法 救这大局 胡钦差住在俄国 他的信息一定是打听得狠真的 你看这个电报的说话 可怕不可怕 [《中国白话报》1903.1.24]

案例⑩ 鸦片烟初到中国时候 曾经林文忠公烧去了几万箱 复下令严禁 不许再进中国口岸 那晓到得如今各处销路越广 喫的人也越多 可见<u>我们</u>自己要喫 禁也禁不得 只有自己立起志气 打定主意 不去喫他 他便也没法了 [杭州白话报1901（4）7]

案例⑪ 盱眙县县官梁大老爷 自打到了任后 对着烟赌两件事 一点也不关心 那盱眙的地方烟赌之风 向来是很甚很甚的 前日有位<u>汪君树德</u> 关心桑梓 特

为上了一书把梁大老爷 请他把烟赌两件事 从严禁绝 那知过了两个月 梁大老爷 不但没有派差访拿 连那一纸空文的告示 都未出一个 这个县官真是个县官了咳 [《安徽白话报》1908.1.7]

案例 ⑫ 一旦大公祖到任，这黄某把开会诸位的姓名 开个册子送去 哼哼那还了得吗 嗳呀 <u>在下</u>的想到这里 心好痛呀（《安徽白话报》1908.2.5]

二、推测标记

主要包括："说起来、看来、我看来、这么看来、据我看来、照这样看起来、据此看来、依我说起来"等。

案例 ⑬ 为什么现在的美国 居然和英国做起朋友来呢 这是有个缘故 英国当初得这美洲 畅意的了不得 他便吩咐英国国内的百姓 叫他搬往美国 居住的居住 耕田的耕田 做生意的做生意 这也够了 这也够了 还有各种虐待美人的方法 <u>说起来</u>真是向来没有听过的 话分两头 如今单说那外国历一千七百六十四年 英国忽然就这美国地方 加起硬重税法 那美国人平素受英国的欺侮 已经是敢怒不敢言的了 [《杭州白话报》1901.4.2]

案例 ⑭ 现在中国的地方 那里能够有许多学堂呢 我劝你们 自己总要多识些字 从前识字的古老法子 弄了许多小小方块 那方块上的字 却也有顶深奥的 怎么教小孩子能懂呢 <u>看来</u>最好是把那眼睛面前 可以看得见的 如同太阳 月亮 山水 树木 牛马 桌椅 种种的字 写了方块 背面画些图样 [《杭州白话报》1901.2.2]

案例 ⑮ 你道这种人苦不苦呢 但是这种人 在世界上 一百个里 找不出一个来 莫非其余的人 那眼睛都算是明亮么 <u>我看来</u> 那种不识字的人 也同那瞎子一般 你们只晓得那瞎子的苦处 不把自己不识字的苦处 [《杭州白话报》1901.2.1]

案例⑯ 现在和议将就可以定了 中国赔外国的兵费 总共四百五十兆一百万 叫一兆 四厘起息 分四十年完清 每年连利息计算 应付银二千二百七十三万六千五百二十五两 唉 现在的中国 穷极了 这许多银子 从什么地方去打算呢 这不是义和团弄出来的事么 若是北方的百姓 早有白话报看 自然心里渐渐明白 完肯胡闹么 据此看来 开发民智 要紧不要紧 [《杭州白话报》1901.1.1 - 2]

案例⑰ 这个世界上 除了人 还有什么活动的物呢 便是那马牛猪狗一类 畜生了 那一类畜生 你们大家 为什么不同人一样看待 原来是相貌不同 声音不同 性情不同 有了这许多不同的缘故 便把他作两样看待 不是要制伏他 便是要杀掉他 唉 你们待畜生那种情形 莫非可以拿来待人么 你们大家想想 应该怎么待人呢 依我说起来 中国的人 都和我的同胞弟兄一般 同胞弟兄 莫非可以两样看待的么 但是现在有些大户人家 偏喜欢拿些铜钱 去买那穷苦人家的男孩子 来做小厮 还有一种女孩子 也去买来 当作丫头 [《杭州白话报》1901.3.1]

综上，清末民初白话报中话语标记的功能可分为三种类型：语篇功能、人际功能及互动功能。语篇功能体现在连接标记与信息来源标记；人际功能体现在语气标记、感叹标记及言语标记；互动功能体现在人称标记与推测标记。可以看出，当时的话语标记凸显出口语化的特征，这与清末民初白话报刊的通俗语言面貌是相契合的，反映出现代汉语早期的语言实态。

依笔者的愚见，一定规模的白话报刊的社会生活实录可以看为五四新文化运动前期现代汉语的语言实践，为接下来隆重登场的新文化运动进行了理论与实践上的先期准备，从白话史的角度而言，不能对当时的白话文运用视而不见，需要继续发掘五四之前如实记录社会生活的语言新材料，为汉语史的研究注入新鲜力量，进一步推动汉语研究尤其是现代汉语研究的深入拓展和不断开掘。

第六章　小荷才露尖尖角

第一节　清末民初白话报刊偏正式复合词探究

张雨轩（2017级汉语言文学本科专业）

在语法研究中，词是语言研究的基本单位，构词法是研究词的构成的方法。王力在《汉语语法史》（1989）提到，"汉语构词法的发展是沿着单音词到复音词的道路前进的。"由于复音词的类型多种，我们对其中的偏正式复合词进行详细的考察与研究。语料为语言通俗易懂、口语性较强的《少年（上海）1911》杂志。本文试从汉语偏正复合词的分类入手，来探索《少年（上海1911)》（下文简称《少年》）中偏正复合词的构成，细分其中偏正复合词内部语素的语义关系，揭示此类复合词的语义特征，以及通过找出清末民初时期偏正复合词与现代汉语偏正复合词的异同之处，使得人们进一步了解清末民初偏正式复合词的特点与规律。

在结合《少年》中所包含的430个偏正式复合词，大致将其分为三个小类："N+N"式偏正复合词；"V+N"式偏正复合词；"N+V"式偏正复合词。

一、"N+N"式偏正复合词

"N+N"是偏正式结构词中占比中最大的一种类型，同形而异构，同构而异义是对其最好的解释，因为在"偏"限定或修饰"正"结构时内部关系极为复杂。

例如：铁路、铁色、铁人，三者组词的角度和方向并不一致、铁路指的是铁的物理属性，铁色指的是铁烧制后的颜色，铁人指的是人的意志像钢铁一般坚硬，结构相同而所取各异。根据《少年》中所收录的295个"N+N"偏正式复合词分析，大致将"N+N"偏正式复合词分为以下7种语义关系：领有、质料、处所、来源、时间、内容、职业。内部又各有若干小类。当然，由于N1与N2之间语义关系复杂多样，就以其主要方面来归类。

语义关系	数量	比例	例词
领有	121	41.2%	地磁、民宅
质料	38	12.8%	才女、毒蛇
处所	26	8.81%	警服、灾民
来源	21	7.11%	果农、工匠
时间	37	12.5%	草药、麻酱
内容	17	5.76%	电炉、手语
职业	35	11.8%	床板、雨伞
总数	295	100%	

1.领有关系

这里所说的领有关系就是指"N1具有N2"或"N2具有N1"。以前也有人称为"领属"，但由于以下的质料关系、处所关系等的词中N1与N2之间也含有"领属"意义，只是不像这里的"领有"这样具体，故将此类关系称作"领有"，以区别于含义更广泛的"领属"。"领有关系"的词都可扩充为"N1拥有的N2"或"拥有N1的N2"。

领有关系的偏正词按其是不是本身固有的事物、特性等，又分作"固有领有关系"和"非固有领有关系"。

（1）固有领有关系

这一类的词有两种：一种是"N1 具有的特性 N2"，这样的词中的 N2 一般是抽象名语素，如：

腔调、曲调、体质、道理、性情、电气、气界

另一种固有领属关系的词中，"N2 是 N1 的一部分"（前属）或"N1 是 N2 的一部分"（后属）。N1、N2 都是具体名语素。

前属的词如：

车轮、树根、人心、桅杆、树皮、肚皮、桃核

后属的词也有不少，如：

帆船、袋鼠、奶牛、神台、蜂房、枣木、字模

这里，N1 都是 N2，实体的一部分，如"帆"是"船"上的一部分，"袋"是"鼠"上的一部分。这些可简单的解释为"具有 N1 的 N2"。

（2）非固有领有关系

"N1 造成的 N2"是非固有领属关系的主要合成词含义，"N1 造成的 N2"是指 N2 由 N1 造出或产出来的。如：

橄榄油、麦饼、木盆、皮袍、金镯、葡萄酒、布衣

这里，N1 造成（产出）的 N2，如"木盆"指的是由木头所制成的盆型盛水容器，"布衣"是指用棉麻等纺织面料所织成的衣物，而"橄榄油"则是通过压制橄榄而产出的油料。

2.质料关系

具有质料关系的词中，N1 是制作 N2 的材料，N2 就是所制成的物品。这类词可变换为"用 N1 制作的 N2"。根据 N1 是否是制作 N2 的全部材料，又将其分为两种：全部质料关系和部分质料关系。

（1）全部质料关系

这一类的词 N2，全部都是 N1 制成的，如：

铁锚、石笔、石板、草鞋、金圈、铁桥、木棍

以上词中 N1 和 N2 都是具体事物，还有一些词中 N1 是具体事物，N2 表示的是用 N1 制成的物体的形状的，如：

木棍、竹丝、金丝、铅条、铁线、皮带、金圈

"棍"是用木制成的事物的形状，"條"是由铅制成的事物的形状，"圈"是用金制成的事物的形状。这些词中 N1 就不是 N2 的材料，而是整个词所表示的事物的材料。

（2）部分质料关系

N1 是制作 N2 的一部分质料，N2 是制成品。这里又有两种情况：

第一种，N1 是参与制作 N2 的材料，也即 N2 是 N1 和别的某些物质共同制作而成的，如：

铅笔、铁路、麦饼、草屋、棉衣、油画

第二种，N1 表示的是某种事物，N2 是从 N1 中提取出来的物质，如：

蜜糖、鱼油、菜油、豆油、茶油

这里，"铅笔"是由铅和木头所制成的画图工具，"油画"是由颜料和画布所共同参与所呈现的画；"鱼油"是从鱼肝中提取出的油料，"蜜糖"是指从蜂蜜中所提取出的糖分。

3.处所关系

这一类词中 N1 是 N2 所在的处所，N2 是该处的人、事物或现象等，都可以变换为"N1 处的 N2"。根据 N2 所表示的不同对象，又将它们分为 5 种情况。

第一种，N2 表示的是某事物或现象，N1 是 N2 所在的处所，如：

乡村、山洞、山泉、街市、街道、宫门

第二种，N2 表示的是植物或动物，N1 是 N2 所生息的处所，如：

海马、海鱼、野鼠、野鸡、海虾、海燕、石燕

第三种，N1 表示人体或动物体的某部位，N2 是位于此部位的器官组织等，如：

脊骨、头颅骨、臂骨、指甲、头发

第四种，N1 表示人或动物体的某部位，N2 表示佩带或积存于 N1 处的事物，如：

眼泪、肘液、眼镜、手巾

第五种，N1 表示的是人体或动植物体的某部位，N2 表示生于该部位的疾病，如：

肺痨

处所关系的 N+N 偏正式复合词数量不如其他关系的丰富，但他的分类却非常多样。

4. 来源关系

具有来源关系的偏正结构词中，N1 大多表示的是某地区或某事物，N2 是该地区或该事物生产或创造出的事物，可变换为"来源于 N1 的 N2"。

第一种，N1 表示某地区，N2 是产自该地区的事物，如：

京师、洋房、洋枪、西菜、洋房

第二种，N1 表示某地区，N2 是该地区所制定的单位，如：

英尺、英寸、英里

第三种，N1 表示某事物，N2 是由该事物产生的别种事物或现象等。

日光、灯光、电光、风浪、火焰

这里，"京师"是指来自京城的军队，"英寸"是由英联邦所指定的国际通用尺度标准，"火焰"是指火的灼热发光的气化部分。

5. 时间关系

时间关系的偏正结构词中的两个语素分别表示时间和在该时间出现的人、事物、现象等。这类词中 N1 表示时间意义，N2 表示该时间内的人、事物、现象等，概括地说是 "N1 时的 N2"，具体有以下三种情况。

第一种，N1 表时间，N2 是在该时间出现的人、事物、现象，如：

春光、春日、古人、古语、晨鸡

第二种，N1 表示的是时间，但指的是周期，N2 表示按 N1 出现的事物，如：

月记、日报

第三种，N1 表示历史上的某一朝代，N2 是在该朝代出现的事物，如：

唐诗、秦文、汉兵

这里，"春光" 指的是春季时的好风光，"日报" 是指每日出版的报纸，"唐诗" 是指历史上唐朝所流传下来的诗歌。

6. 内容关系

具有内容关系的偏正结构词中，N1 是 N2 涉及的内容，可以变换为 "关于 N1 的 N2"，如：

家况、电力法、化学法、法文、英文、文学

通常我们可以将 "家况" 译成关于家庭的情况，将 "法文" 译为关于法国的文字，而 "电力法" 是关于电力方面的法规法则。

7. 职业关系

具有职业关系的偏正结构词中，N2 表示的是人或团体组织，N1 是 N2 所从事的职业，这类词可以变换为 "从事 N1 职业的 N2"，如：

渔人、医官、船员、工人、海军、歌女、画家、农夫

这里，"歌女" 是从事歌手职业的女性，"海军" 是从事海上作业的军人，"农夫" 是从事农耕方面工作的成年男性。

二、"N+V"式偏正复合词

在汉语中我们经常将名词用作状语，这种语法现象在偏正式复合词中也时常能够遇见。通常我们将"N+V"式偏正复合词分为主谓式和偏正式两种类型，当N与V产生关联时，该复合词为主谓式，而当V具有其他施事或者受事时则为偏正式。"N+V"式偏正复合词中，主要分为五种关系：性状情态关系、工具材料关系、方式方法关系、处所趋向关系和时间关系。

1. 性状情态关系

当V以N为喻时，N表示V的状态和情态，这类关系通常可以转化为"像N一样的V"。而这种关系通常又分为以动植物为喻体和以其他一般食物为喻体，二者之间有一定的差别。

（1）以动植物为喻

蚕食、瓜分、客居、客死

这里，"蚕食"是指像蚕吃桑叶一样慢慢吞噬，而"瓜分"是指像切分瓜果一样手起刀落，多含贬义。以动植物为喻的"N+V"式偏正复合词中的N通常是具有生命的，在使用此类复合词时可以感受到浓厚的比喻色彩，在行文落笔时使用有助于我们润色文章。

（2）以一般事物为喻

波动、雷鸣、波浪、风流

这里，"波动"是指一种常见的物质运动形式，像波浪那样起伏不定；风流：唐.宋之问《太平公主山池赋》："未穷观而极览，忽云散而风流。"形容像风一样流散。使用一般事物为喻的"N+V"式偏正复合词通常利用N本身所固有的物质属性，不同于以动植物为喻的"N+V"式偏正复合词，但依然具有一定的比喻色彩。

2. 工具材料关系

在工具材料关系中，N 表示 V 所凭借的工具或材料，由此我们可以进行一系列的转化，将 "N+V" 转化为 "通过（凭借）N 所完成的 V"。

电唁、口语、铅印、油印、笔译

这里，"电唁" 是指利用电报或电话的方式发出唁信，而 "笔译" 是通过手写的方式对外文或其他文字进行翻译，使其变为本族文字，"油印" 是指印章通过印油按压后所留下的章印。其中的 "N" 都是具体可见的工具或材料，并且整个复合词的词语含义必须通过（凭借）它来完成。

3. 方式方法关系

在方式方法关系中，N 表示 V 所利用的方式或方法，与工具材料关系一样，方式方法关系也可以进行转化为 "通过（凭借）N 所完成的 V" 但不同于工具材料关系，这里的 N 并不是具体可见的物质，而是具有抽象含义的名词，它表示 V 所凭借的方式方法。

世袭、垄断、音译、邮递、刑罚

这里，"邮递" 是指通过邮寄的方法传递信息或物品，"刑罚" 是指凭借酷刑或厉法起到惩罚犯罪的作用，而 "音译" 是指通过使用语音的方式，例如口语，进行翻译。可以明显地发现，与工具材料关系中的 "铅" "油" "笔" 不同，方式方法关系中出现的 "世" "邮" "刑" 并不具体准确，具有抽象性与模糊性。

4. 处所趋向关系

在处所趋向关系中，N 表示 V 所发生的场所地点或趋向，通常与可以转化为 "在 N（方位）v" 或 "向（往）N+V"，N 在表示 V 所发生的场所地点时必须是准确的，而在表示趋向时则必须具有清晰的方位名词。

刊载、阵亡、前行、前进、水运、海运

这里，"刊载" 据《三国志·蜀志·诸葛亮传》引："夫崇德序功，纪行命谥，所以光昭将来，刊载不朽。"是指在碑文上刻字或在报纸杂志上发表文章，而"前进"：表示向前行进，表趋向。表示处所趋向关系的"N+V"式偏正复合词不同于古代汉语中的组词结构，清末民初时期白话逐渐占据汉语的主流，如果N表示处所和趋向时，N须先与介词组成一对直接成分，然后再与V组合，类似于"道渴"之类的偏正式复合词很难再出现并运用。

5.时间关系

在时间关系中，N表示V发生或进行的时间，这里的N也是并不要求清晰具体，模糊性是它的一大特点，通常将"N+V"转化为"在N时V"。

春耕、午休、冬蛰、秋收、晨练、晨起

这里，"春耕"是指在春季时进行农耕作业，"晨练"是指在早晨时开始锻炼身体，而"午休"是指在中午时分进行休憩。时间关系的"N+V"式偏正复合词与一般的表时间关系词语不同，通常用来表示动作发生的时间而不是单纯的表明时间，这样一来起到了限定动词的作用，同时也减少了语言歧义和增加了语言准确性。

由此我们可以看出"N+V"式偏正复合词具有鲜明的特点，同时也使复合词具有形象色彩。

三、"V+N"式偏正复合词

通常在汉语中我们所见到的"V+N"形式词语大部分为动宾式复合词，但实际上还有另一种比较少见的"V+N"式偏正复合词。虽然它不同于动宾式复合词中所具有的支配关系，但它们之间具有修饰关系，要分析其词根语素的组合形式，必须深入"V+N"式偏正复合词的内部结构，并参考语素的意义明确它的性质功能，进而研究其组合关系，弄清构词类型，从而正确地揭示V与N的修饰关系。

总的来说可以将"V+N"式偏正复合词按照其内部成分关系分为四种：功能关系、类别关系、特征关系、成因关系。

1. 功能关系

在具有功能关系的"V+N"式偏正复合词中，功能关系指的是"V"是"N"的功能，具体可以理解为"功能＋限定对象"，常在我们的语义解释中将它理解为"用来 V 的 N"。这样一来，我们可以清楚地知道 N 所具有的功能和用途，并且这种构词词素的组成方法至今仍在使用。

飞船、猎枪、砍刀、飞艇、邮船、笑话

这里，"飞船"指的是用来飞的船，这种船不同于江河中所航行船舶船只，而是飞行功能的飞行器具，"砍刀"指的是进行砍这一动作时所运用的辅助型工具，常用来处理硬物，"猎枪"指的是用来猎杀动物的枪支。通过这些例子可以说明，具有功能关系的"V+N"式偏正复合词可以准确区分同属同一大类的 N，使接收者清楚明晰的领会使用者所传递的信息。

2. 类别关系

在具有类别关系的"V+N"式偏正复合词中，类别关系指的是"V"是"N"的所属的品类或门类，具体可以理解为"类别＋限定对象"，一般我们在语义解释中将它解释为"V 类的 N"。这样一来，我们可以清楚地知道 N 所属的品类或门类，使用的频率也非常高。

听力、站姿、坐姿、流速、振幅、刺史

这里，"听力"指的是听觉方面的能力，"流速"指的是液体流动的速度，"刺史"中"刺"是检核问事的意思，即监察之职，而"史"为"御史"之意。将 N 通过 V 进行分门别类后，我们可以准确地区分 N 所属的品类，比如可以将"流速"与车速、风速相分离，同时由于具有动词语素的属性，在感知上更为立体和动感。

3.特征关系

在具有特征关系的"V+N"式偏正复合词中，特征关系指的是"V"是"N"的所具有的特征，即客体所具有的本质特点，具体可以理解为"特征＋限定对象"，在语义解释中我们一般将它解释为"V着的N"。通过对其内部结构的拆分与理解，在充分了解其内部构词语素的特性后，我们可以对它加深了解。

飞鱼、飞鸟、笑容、哭声、笑颜、流毒

这里，"流毒"据《书·泰誓中》："有夏桀弗克若天，流毒下国。"指的是流传着传播着的毒害，"笑容"指的是人开心时微笑的容颜，而"哭声"指的是哭泣时的声音。具有特征关系的"V+N"式偏正复合词多用代表着特征的V去限定一般为"非抽象物"的N，虽然时常被理解为动宾式偏正复合词，但其中所蕴含的实际语义关系却为偏正式。

4.成因关系

在具有成因关系的"V+N"式偏正复合词中，成因关系指的是V是成为或导致N的原因，具体可以理解为"成因＋限定对象"，一般我们在语义解释中将它解释为"V了的N"。但很明显，这类关系最为特殊，它不同于其他"V+N"式偏正复合词的三类关系。成因关系最初是由动宾式所转化而来，而功能、类别、特征等关系则是与偏正式一脉相承，但在使用上可以说各有其特点和优势。

烧饼、烧酒、投机、投契、波纹、来稿

这里，"烧饼"指的是通过烧制而制作而成的饼，也可理解为烧的饼。"投契"出自清代赵翼《瓯北诗话·元遗山诗》："是楚材曾亲至汴京，盖已闻遗山之名而物色之，遗山因有知己之感，与之投契，故有'门下士'之称，非无因至前也。"指的是谓意气或见解相合，"波纹"则出自白居易《府西池》诗："柳无气力枝先动，池有波文冰尽开。"即因水面轻微起伏而形成的水纹。具有成因关系的"V+N"式偏正复合词与具有功能关系的"V+N"式偏正复合词一样，主要侧重于由人所创造或使用的物体，而其余两种关系则显现出了侧重于对非人造物体的认识。

一般来说，构词语素的意义是词义的重要组成部分，通过深入"V+N"式偏正复合词内部研究，少见的 V+N 构词类型在以 N 为侧重点的偏正式复合词出现，通过语素间的拆分与细化，对于动词语素（V）作用于名词语素（N）的关系有了大致的了解。根据定语和中心词之间意义上的关系，我们通常可以把定语分为限制性定语和描写性定语两大类。限制性定语的作用是举出一种性质和特征作为分类的依据来给中心词所代表的事物分类，比如名词、代词、形容词、动词充任的定语都是限制性的。这样一来，无论是功能关系还是类别关系，动词都是密切修饰和限制名词，为划分偏正式复合词提供了有效帮助。

从构成偏正式复合词的要素角度分析，词汇语义关系主要由凝结在词汇中的概念关系构成，通过阐述结构特征及其形成机制，以名词为中心建立的偏正关系可以细分为三种。偏正式复合词产生之后，随着社会交际的需要逐渐发展为最能产的一类复合词，其词义经历了具体到抽象的发展过程，词性以名词为主，动词不多，形容词数量更少，随着时代的不断更迭，偏正式复合词必将还会有新的发展。清末民初时期正处于近代汉语向现代汉语发展的过渡阶段。在"国语运动""白话文运动"的影响下，为实现"言文一致"，语义通俗便于交流的白话文得到了人们的广泛推崇，与实际口语差异愈加迥异的文言文则逐步退居次之。

参考文献

[1] 邵敬敏.现代汉语通论 [M].上海：上海教育出版社，2007：131.

[2] 方清明.现代汉语名名复合词的认知语义研究 [M].北京：科学出版社，2015：68.

[3] 董秀芳.汉语双音词的衍生和发展 [M].北京：商务印书馆，1998：23.

[4] 朱德熙.语法讲义 [M].北京：商务印书馆，2004：36-37.

[5] 徐正考，柴淼.清末民初"N+V"比喻类复合词研究 [J].长春：东北师范大学学报，2019(6).

[6] 萧世民."N+V"偏正结构构词考察 [J].井冈山：井冈山师范学院学报，2001(4).

[7] 王琳.汉语比喻类"N+V"偏正复合词的概念整合 [J].宁夏大学学报，2015(6).

[8] 刘安然.面向中文信息处理的"N+V"结构的句法语义研究 [J].北京：语言文字应用，2008.

[9] 章婧.现代汉语定中 N+V 结构研究 [D].北京：中国人民大学学报，2008.

[10] 耿国锋.名词性"N+V"短语分析 [D].开封：河南大学学报，2008.

[11] 李亚丽.现代汉语 N+V 状中短语的句法功能与语义指向分析 [J].玉溪：玉溪师范学院学报，2006(8).

[12] 赵倩.汉语 V+N 偏正式复合词的语义结构与构词理据.[J]北京：世界汉语教学，2020(2).

[13] 刘冬冰，赵思达.从 N+V 状中式复合词看汉语词法与句法的关系 [J].通化：通化师范学院学报，2011(7).

[14] 陈昌勇，杨若娴.汉语双音节名名偏正复合词的语义关系 [J].现代语文，2019(3).

[15] 陈昌勇.汉语双音节名名偏正复合词的语义关系 [J].现代语文，2019(3).

第二节　清末民初白话报刊因果复句探究

张丽丽（2017 级汉语言文学本科专业）

因果复句是一种特别常见的复句类型。目前学术界关于因果复句的研究思路主要是从句法、语义、语用三个层面着手，分别对其句法、语义和语用特征作了相关论述与研究。小文选择汉语发展的转型时期清末民初阶段的白话报刊语料，分别从句法、语义和语用三个方面对清末民初这一时期的因果复句做出相应研究，对研究清末民初汉语面貌具有一定的学术价值与意义。

一、清末民初白话报刊因果复句句法研究

本文根据因果复句中关联词语标记出现的位置差异，将因果复句分为前后标记都有的因果复句、只有前标记的因果复句和只有后标记的因果复句三种类型。

1. 前后标记都有的因果复句

前后标记都有的因果复句指的是因句和果句都有明显的关联词标志的因果复句，清末民初白话报刊中出现的前后标记俱全的因果复句主要有以下三种类型，其中第一种类型"因 / 因为……, 所以……"句式出现次数最多。

（1）"因 / 因为……, 所以……"句

"因 / 因为……, 所以……"句是清末民初白话报刊因果复句中常见的一种句式，它是由因推果的。例如：

案例 ① 因午后听了老翁的话，专心做去，故所得之鱼，匀算起来，反比

全日所得为多。[《少年》1911.1.1]

案例②因见哥哥醉倒雪中，怕他受冻，所以扶之而归。[《少年》1911.1.11]

案例③因为自己不晓得讲究卫生，所以才会生病。[《少年》1911.2.20]

案例④因为人死了以后，身体一定会收缩，或者轻去一两，就是收缩的缘故也未可知，所以各国医生，还要着实考究这事。[《少年》1911.2.21]

案例⑤美国总统因为病着，所以做了马车。[《少年》1911.3.26]

案例⑥因为人有了理想，自会有起事实来，所以理想一事是催逼世界进步的一个机关。[《少年》1911.3.30]

例①是多重复句，其中的"午后听了老翁的话"和"专心做去"这两个分句共用一个主语，这两个分句连起来构成了并列复句，它们一起来充当了因果复句的"因"句，例①的"果"句是以"所得之鱼"为主语的复句。

例②中的"见哥哥醉倒在雪中"和"怕他受冻"这两个分句的主语也是相同的，构成并列复句来充当因果复句的"因"句，"果"句和"因"句主语相同，且"果"句是一个单句。

例③的"因"句为"自己不晓得讲究卫生"，"果"句为"才会生病"，此"因"句和"果"句主语相同。例⑤中的"因"句"因为病着"和"果"句"做了马车"也是两个有着共同主语的单句。

综上所述，在"因/因为……，所以……"句中，因句和果句既可以是单句，也可以是复句，因句和果句都具有一定的可扩张性。

（2）"因/因为……，因此/因而……"句

"因/因为……，因此/因而……"句在清末民初白话报刊中也是出现次数较为多的一种句式，并且这类句式也是由因推果的。例如：

案例⑦因哥哥与柳龙卿胡子傅结义，把我赶出门外，因而故杀平人。

[《少年》1911.1.14]

案例⑧ 因丈夫与柳龙卿胡子傅二人结义，听信谗言，将同胞兄弟，无故赶出，可怜小叔孤身无妻，废学失业，妾劝夫不从，因此将钱一贯，问隔壁张婆家买黄狗一只，央张婆杀了，头戴巾帽，身穿衣服，办狗为人，丢在后门。

[《少年》1911.1.14]

例⑦中的"因"句是由并列复句"哥哥与柳龙卿胡子傅结义"和"把我赶出门外"来充当的，并且这两个分句共用一个主语；"果"句是与"因"句主语不一致的单句。

例⑧的"因"句是由几个分句"丈夫与胡子傅结义""听信谗言""将同胞兄弟""无故赶出""可怜小叔孤身无妻""废学失业""妾劝夫不从"来充当的，其中"因"句中谓语动词的主语分别是由两个人物来充当的。例如，"与胡子傅结义、听信谗言、将同胞兄弟无故赶出"这一系列动作的发出者都是丈夫，"可怜小叔孤身无妻，废学失业"这个句子的主语是"我"。

由此看出，在"因/因为……，因此/因而……"句中"因"句是比较冗长而复杂的，并且"因"句中包含多个谓语动词，引出"果"句的关联词"因此/因而"在一定程度上起了强化因果关系的作用。

（3）"因……，故/遂……"句

"因……，故/遂"句式在清末民初白话报刊因果复句中出现次数最少，该句式也是由因推果的，例如：

案例⑨ 因午后听了老翁的话，专心做去，故所得之鱼，匀算起来，反比全日所得为多。[《少年》1911.1.1]

案例⑩ 淳于髡因齐王之礼物太少，故笑之。[《少年》1911.3.34]

案例⑪ 三国时的杨修，少时有客给他杨梅，为他姓杨，客故对他道，此君家果也。[《少年》1911.4.42]

案例⑫ 因当时就要和土耳其开战，故伯爵以此相祝。[《少年》1911.6.75]

案例⑬ 他因行动不便，故终年躲在石上或水底污泥之中。[《少年》1911.7.81]

案例⑭ 后人因他研究牲畜之传染病，遂得种痘之法。[《少年》1911.5.54]

例⑨的"因"句是由"午后听了老翁的话"和"专心做去"这两个拥有共同主语的并列复句来充当的，"果"句是由"所得之鱼""匀算起来"和"反比全日所得为多"构成的转折复句来充当的。

例⑪的"因"句是"三国时的杨修""少时有客给他杨梅""因他姓杨"这三个分句构成的并列复句，"果"句是由"客故对他道""此君家果也"这两个分句构成的承接复句来充当的。

综上，在"因……，故/遂"句中它的"因"句和"果"句的扩张性都较好，容易形成复句。

2. 只有前标记的因果复句

只有前标记的因果复句指的是只有因句带有明显关联词标志，果句没有明显关联词标志的因果复句。在清末民初白话报刊语料中最为常见的就是"因/因为……，……"句式。例如：

案例⑮ 因不熟悉匈奴地理，乃募一个有才干能力的人，使他前去见机行事。[《少年》 1911.2.15]

案例⑯ 因用错了药，把病人医坏了。[《少年》1911.2.19]

案例⑰ 贫人本不愿意卖报，因为看过了一遍，便没有用处。[《少年》1911.2.20]

案例⑱国人因为奥皇生平好猎，趁着这时候，在维也纳京城内开了一个打猎会。[《少年》1911.3.28]

案例 ⑲ 因没有证据，即时开释了。[《少年》1911 .3.30]

案例 ⑳ 因有狗相护，不敢下来，心中甚为懊闷。[《少年》1911.3.32]

案例 ㉑ 因为花高不过二尺，小儿倒可以不必曲背，便采得到。[《少年》1911.3.36]

案例 ㉒ 因为避乱，流落到广东崖州。[《少年》1911.3.36]

案例 ㉓ 太宗因为兰亭不到手，心中好生不乐。[《少年》1911.4.45]

案例 ㉔ 父母因他生得浑身雪白，取名玉郎。[《少年》1911.4.46]

案例 ㉕ 因为这个酋长性情贪暴，岛里居民，很受他的剥削，为他而死的，差不多已有数万人。[《少年》1911.5.60]

例 ⑮ 的"因"句是一个单句，"果"句是一个承接复句，并且"因"句和果句主语一致。

例 ⑰ 的"因"句是由并列复句"看过了一遍""便没有用处"来充当的，"果"句是一个单句。此句在句意上是先揭示结果，后阐明原因。

例 ⑱ 的"因"为"奥皇生平好猎"，这是一个单句，"果"句是"趁着这时候，在维也纳京城内开了一个打猎会"，是一个承接复句。

例 ㉕ 的"因"句"这个酋长性情贪暴"是一个单句，"果"句为"岛里居民，很受他的剥削，为他而死的，差不多已有数万人"，其中的几个分句联合起来构成了并列复句。

综上可知，在"因/因为……，……"句式中"因/因为"是唯一的标志因果关系的词语，"因"句和"果"句也是都具有一定的扩张性的，其中"果"句的扩张性更强一些。

3. 只有后标记的因果复句

只有后标记的因果复句指的是只有果句有明显的关联词标志，因句没有明显的关联词标志的因果复句。清末民初白话报刊中经常出现的此类因果复句主要有以下几种句式：

（1）"……，所以……"句

"……，所以……"句是只有后标记的因果复句中最常见的一种句式，此句式也是由因推果的。例如：

案例㉖ 虽无一定腔调，然高下疾驰，亦颇好听，所以邻近小儿，每到傍晚之时，一听得笛声，便不约而同，都来观听。[《少年》1911.1.1]

案例㉗ 他又想到此必我吹笛不好，鱼不爱听，所以不来。[《少年》1911.1.1]

案例㉘ 如今又添了一个卖报的行业，论起理来，他是传播文明的使者，在小本经纪中，算得最清高的，所以外国的一班苦学生，多就此事。[《少年》1911.1.2]

案例㉙ 微生物与鬼神，是同一看不见的东西，而鬼神之说，相传已久，微生物之说，不过起于近数十年，所以信有鬼神之人多，信有微生物之人少。[《少年》1911.1.3]

案例㉚ 微生物再从病人呼吸饮食之中，流落出来，无病人感触着他，也就害病，由此及彼，辗辗不已，所以叫做传染病。[《少年》1911.1.3]

案例㉛ 肺痨病乘着空气，四处乱飞，人吸收着了，即要传染，所以有病人的痰涕，万万不可乱吐。[《少年》1911.1.3]

案例㉜ 他有抹口津揭书得恶习，此生暗中已得肺病，不过尚未发现，所以人皆不以为意。[《少年》1911.1.4]

案例㉝ 中国受鸦片之害，早已人人深悉，无用细表，所以近来朝野上下，皆急于禁除。[《少年》1911.1.4]

案例㉞ 此疫发生在鼠身上，所以谓之鼠疫。[《少年》1911.1.5]

案例㉟ 此病初起，必然头痛身热，身上会长起核子来，所以又谓之核子

瘟。[《少年》1911.1.5]

案例㊱ 法国有个医生说，有病人的人，应该要用鲜血洗澡，所以牛场里头，有许多妇女，都要买那牛血回去洗澡。[《少年》1911.2.20]

案例㊲ 所惜地近荒山，时有饿狼走来，将羊拖去，所以牧羊的，不免要格外留心。[《少年》1911 .3.31]

案例㊳ 花不干燥，子便黏住了，难以轧去，所以采了下来，当先在太阳里晒着。[《少年》1911.3.36]

案例㊴ 现在的纺织，虽已改用汽机，乡村小户，没有资本的，还是靠着手工，所以用法也不能废弃。[《少年》1911.3.36]

案例㊵ 我们中国人在南洋各埠经商做工的，有数百万之多，南洋土人，愚蠢的很，所以中国人初到之时，百事顺手，谋生甚易。[《少年》1911.3.36]

案例㊶ 独我国侨民国家听他们自生自死，毫不加意，侨民到处吃亏，所以他们盼望国家保护的心很切。[《少年》1911.3.37]

例㉚、㉟的"因"句是由几个分句构成的并列复句来充当的，"果"句是一个单句。

例㉛、㉝的"因"句也是由几个分句构成的并列复句来充当的，"果"句是一个递进复句。

例㊳的"果"句"所以采了下来，当先在太阳里晒着"中包含两个谓语动词，一个是"采"，一个是"晒"，"因"句的"花不干燥，子便黏住了"揭示这两个动作

综上可以看出，在"……，所以……"句中，"因"句扩张性更强，经常是由多重复句来充当的，"所以"引出的"果"句通常是一个简单的单句，有的"果"句中存在多个谓语。

（2）"……, 故 / 遂 / 便……"句

"……, 故 / 遂 / 便……"句式也是由因推果的，并且"因"句和"果"句都具有一定的扩张性。例如：

案例㊷ 将到家时，忽遇邻翁，问道平日见兄回来，篮中必满盛鱼虾，今日回来，如何篮中空空，难道今天躲懒，没有去撒网，渔人遂将今日所为，一一相告。[《少年》1911.1.1]

案例㊸ 指甲里最为微生物容易隐藏之地，传入口中，为害不小，故修指甲当用小刀或用剪刀。[《少年》1911.1.4]

案例㊹ 口内的皮肤，最为薄弱，容易接受细菌，故除食物外，一概不得入口。[《少年》1911.1.4]

案例㊺ 骨肉不保，吊死伤亡，悲凉可怜之景，又不待言矣，故此事实为无声之兵灾。[《少年》1911.1.5]

案例㊻ 祸无大小，一发即不可收，故曰智者防患于未萌。[《少年》1911.1.5]

案例㊼ 现在交通日便，南省所未有之病，亦能自北省传来，中国所未有之病，亦能自外国相传来，疫病一起互相传染，平日之讲个人卫生者，亦不能免，故处今之世，尤以共谋公众卫生为第一急事。[《少年》1911.1.6]

案例㊽ 又一日，使舜掘井，弟以石盖之，幸舜早见及此，预掘成一穴，以便逃生，故得不死。[《少年》1911.1.10]

案例㊾ 孙荣自从被逐之后，书也念不成了，心想今我年岁，叫小也不小了，难道竟没有个自立之策，坐以待死不成，遂恳求王公，替他谋个衣食之计。[《少年》1911.1.11]

案例㊿ 张骞这一去，把和匈奴相好的国，都劝他归了汉朝，遂将自古不通中国的云南新疆中亚细亚印度等处皆开通了。[《少年》1911.2.15]

案例 (51) 单于想磨难到苏武无可如何，他自然回转意来，便把他囚在旧米仓中，不给他一些饮食。[《少年》1911.2.16]

案例 (52) 一个大公园，景致极好，各种草木，无所不有，故人人称他为植物园。[《少年》1911.2.24]

案例 (53) 他知道北京是个繁华富饶的去处，有钱的姑娘太太们，定多似上海，便带了翻译仆从人等，上京去了。[《少年》1911.3.38]

案例 (54) 从卫夫人学书，功夫猛进，此卫夫人写得更好，遂成了古今第一个书家。[《少年》1911.4.44]

案例 (55) 我奉命来取兰亭，今已得了，故唤师来告别。[《少年》1911.4.46]

例㊷、(51)、(53)的“因”句都是由几个分句构成的并列复句来充当的，“果”句都是由两个分句构成的承接复句。

例㊸、(52)、(54)的“因”句是由几个分句构成的并列复句来充当的，“果”句都是单句。

综上，“……，故 / 遂 / 便……”句因句和果句扩张性都很好，几乎都是由多个分句构成的分句来充当的。

（3）“……，因此……”句

“……，因此……”句也是只具有后标记的因果复句中较为常见的一种句式，由因推果。例如：

案例 (56) 贵族中人，自然可以入宫问病，寻常人却不能都在宫门外阀问询，因此侍病的医生，每隔了几分钟，便把英皇的病情写在牌上，挂在宫门前，让众人看去。[《少年》1911.3.26]

案例 (57) 在上海乡下，地名乌泥泾的，自种自织，更把此法传给他人，因此年多一年，大家获利不小。[《少年》1911.3.36]

案例 (58) 郑康成，名元是东汉时的经学大师，因此他的一家人，没有个不

烂熟五经的。[《少年》1911.4.23]

案例㊹ 逢到国家大事，诸臣不能议决的，便叫人去请问宏景，因此大家称他为山中宰相。[《少年》1911.4.44]

案例㊺ 眼于五官中，为用最大，就地位而论，则反居眉下，眼因此不平。[《少年》1911.5.52]

案例㊻ 十年前的火柴，总是白磷做的，因此火柴厂里的工人，偶不小心便中毒死了。[《少年》1911.5.53]

案例㊼ 如今要避这卫生虫，先要除那老鼠，要除老鼠，一定要先养猫，因此有许多的医家，研究养猫的方法。[《少年》1911.6.73]

案例㊽ 有一乡人，家道很富，但苦得不识一个丁字，因此发愤，特地请了一位先生，教儿子识字。[《少年》1911.7.82]

例㊺ 的"因"句为"眼于五官中，为用最大，就地位而论，则反居眉下"是一个转折复句，"果"句是"单眼因此不平"为单句。

例㊹ 的"因"句"逢到国家大事，诸臣不能议决的，便叫人去请问宏景"，这几个分句联合起来构成了并列复句，"果"句"因此大家称他为山中宰相"属于单句。综上可知，在"……，因此……"句中，"因"句的扩张性最为明显，"果"句通常为一个简单的单句。

二、清末民初白话报刊因果复句语义研究

本文对于清末民初白话报刊中的因果复句的语义研究主要是从语义特征和语义类型两个方面来着手进行研究的。

1. 清末民初白话报刊因果复句的语义特征

清末民初白话报刊中的因果复句语义特征体现为"因果性"，也就是说"因"句所陈述的客观事实或现象是用来解释"果"句所描述的客观事实或现

象的，"因"句和"果"句是有着一定的因果关系的。例如：

案例① 因午后听了老翁的话，专心做去，故所得之鱼，匀算起来，反比全日所得为多。[《少年》1911.1.1]

案例② 指甲里最为微生物容易隐藏之地，传入口中，为害不小，故修指甲当用小刀或用剪刀。[《少年》1911.1.4]

案例③ 中国受鸦片之害，早已人人深悉，无用细表，所以近来朝野上下，皆急于禁除。[《少年》1911.1.4]

案例④ 因为学费不足，投身在美国人家做短工。[《少年》1911.2.16]

案例⑤ 有一位医生，给病人诊脉，因用错了药，把病人医坏了。[《少年》1911.2.19]

案例⑥ 国人因为奥皇生平好猎，趁这个时候，在维也纳京城内开了一个打猎会。[《少年》1911.3.28]

例①的表述的因果关系为：因为"（渔人）听了老翁的话，专心做去"，所以"他所得到的鱼，匀算起来，反比全日为多"。

例②表述的因果关系为：因为"指甲里最为微生物容易隐藏之地，传入口中，为害不小"，所以"修指甲应当用小刀或剪刀"。

例③表述的因果关系为：因为"中国受鸦片之害，早已人人深悉，无用细表"，所以"近来朝野上下，皆急于禁除"。

例④表述的因果关系为：因为"学费不足"，所以"投身在美国人家做短工"。

例⑤表述的因果关系为：因为"医生给病人诊脉时用错了药"，所以"把病人医坏了"。

例⑥表述的因果关系为：因为"奥皇生平好猎"，所以"国人趁这个时候，在维也纳京城内开了一个打猎会"。

以上例句中的"因"句和"果"句在逻辑上都有着严格的因果关系。

2. 清末民初白话报刊因果复句的语义类型

清末民初白话报刊中的因果复句按照语义类型可以划分为说明性因果复句和推论性因果复句两种类型。

（1）说明性因果复句

在说明性因果复句中，"果"句表述的是说话人和听话人双方都知道的事实，"因"句是说话人想要阐明的原因。例如：

案例⑦ 日本人怕说四字，德国美国人怕说十三，所以美国人家的门牌，凡有十三号的都写做十二号半。[《少年》1911.7.83]

案例⑧ 因为眼球上的血管，直径很细，所以那赤血不能够通过去。[《少年》1911.6.74]

案例⑨ 他因行动不便，故终年躲在石上或水底污泥之中。[《少年》1911.7.81]

案例⑩ 有一乡人，家道很富，但苦得不识一个丁字，因此发愤，特地请了一位先生，教儿子识字。[《少年》1911.7.82]

案例⑪ 肺痨病乘着空气，四处乱飞，人吸收着了，即要传染，所以有病人的痰涕，万万不可乱吐。[《少年》1911.1.3]

例⑦中的"果"句表述的事实是"美国人家的门牌，凡写十三号的都写做十二号半"；"因"句强调的是这个事实的原因"日本人怕说四字，德国美国人怕说十三"。

例⑨中的"果"句论述的客观现实是"他终年躲在石上或水底污泥之中"，"因"句对此客观现实做出的相应解释为"因他行动不便"。

例⑪中的"果"句论述的客观事实是"有病人的痰涕，万万不可乱吐"；"因"句对此客观现实做出的相应解释为"肺痨病乘着空气，四处乱飞，人吸收着了，即要传染"。

（2）推论性因果复句

在推论性因果复句中，说话人强调的是"因"句中的所包含条件的充分性，再让说话人结合"因"句及共识中的大前提，从而推出"果"句中的结果。例如：

案例⑫ 指甲最为微生物容易隐藏之地，传入口中，为害不小，故修指甲当用小刀或用剪刀。[《少年》1911.1.4]

案例⑬ 口内的皮肤，最为薄弱，容易接受细菌，故除食物外，一概不得入口。[《少年》1911.1.4]

案例⑭ 中国受鸦片之害，早已人人深悉，无用细表，所以近来朝野上下，皆急于禁除。[《少年》1911.1.4]

案例⑮ 祸无大小，一发即不可收，故曰智者防患于未萌。[《少年》1911.1.5]

案例⑯ 因见哥哥醉倒雪中，怕他受冻，所以扶之而归。[《少年》1911.1.11]

例⑫ 中的"因"句中的条件句是"指甲最为微生物容易隐藏之地，传入口中，为害不小"，从而推出了"果"句中的结果"修指甲当用小刀或用剪刀"。

例⑬ 中"因"句包含的条件句是"口内的皮肤，最为薄弱，容易接受细菌"，从而推出了"果"句中"故出食物外，一概不得入口"这样的结果。

例⑭ 中的"因"句包含的条件句是"中国受鸦片之害，早已人人深悉，无用细表"，因而推出了"果"句"所以近来朝野上下，皆急于禁除"这样的结果。

例⑮ 中的"因"句包含的条件句是"祸无大小，一发即不可收"，从而推出"果"句中"故曰智者防患于未萌"这样的结果。

例⑯中的"因"句包含的条件句是"（孙荣）见哥哥醉倒雪中，怕他受冻"，因而推出"果"句"所以（孙荣）扶之而归"这样的结果。

三、清末民初白话报刊因果复句语用研究

本文对清末民初白话报刊的因果复句语用研究主要是从主题和语气两个角度来进行研究的。

1.清末民初白话报刊因果复句的主题类型

（1）主题单一的因果复句

在主题单一的因果复句中，整个因果复句只有一个主题，并且关于因句和果句的主语是否一致问题答案不唯一。例如：

案例①但因午后听了老翁的话，专心做去，故所得之鱼，匀算起来，反比全日所得为多。[《少年》1911.1.1]

案例②他是传播文明的使者，在小本经济中，算得清高的，所以外国的一班苦学生多就此事。[《少年》1911.1.2]

案例③中国受鸦片之害，早已人人深悉，无用细表，所以近来朝野上下，皆急于禁除。[《少年》1911.1.4]

案例④因见哥哥醉倒雪中，怕他受冻，所以扶之而归。[《少年》1911.1.11]

案例⑤因为花高不过二尺，小儿倒可以不必曲背，便采得到。[《少年》1911.3.36]

例①的"因"句和"果"句主语一致，均为"渔人"，围绕"渔人捕鱼"这一主题来展开。

例②中"因"句主语代词"他"指代的是"卖报"这个行业，"果"句主

语为"外国的一班苦学生",虽然"因"句和"果"句主语不一致,但是都是围绕"卖报行业在当时的发展趋势"这一主题来展开的。

例③的"因"句主语为"中国","果"句主语为"朝野上下",虽然"因"句和"果"句主语不一致,但是都是围绕"禁烟活动"这一话题展开的。

例④的"因"句和"果"句主语一致,都是"孙荣",整个句子围绕"孙荣大雪中营救哥哥"这个话题展开。

例⑤的"因"句主语为"花","果"句主语为"小儿",整句的主题为"小儿采花"这件事。

（2）主题多元的因果复句

在主题多元的因果复句中,"因"句和"果"句是围绕不同的主题来展开的。例如:

案例⑥ 桌子的东西,仍是照旧排列,非但丝毫没有损伤,而且一件也没有移动,因此那贵女们对了我,万分敬意。[《少年》1911.6.75]

案例⑦ 因哥哥与柳龙卿胡子傅结义,把我赶出门外,因而故杀平人。[《少年》1911.1.14]

案例⑧ 因丈夫与柳龙卿胡子傅二人结义,听信谗言,将同胞兄弟,无故赶出,可怜小叔孤身无妻,废学失业,妾劝夫不从,因此将钱一贯,问隔壁张婆家买黄狗一只,央张婆杀了,头戴巾帽,身穿衣服,扮狗为人,丢在后门。[《少年》1911.1.14]

案例⑨ 贵族中人,自然可以入宫问病,寻常人却不能都在宫门外阅问询,因此侍病的医生,每隔了几分钟,便把英皇的病情写在牌上,挂在宫门前,让众人看去。[《少年》1911.3.36]

案例⑩ 南洋土人,愚蠢得很,所以中国人初到之时,百事顺手,谋生甚易。[《少年》1911.3.37]

例⑥"因"句主语为桌子的东西,"果"句主语为"那贵女们",二者论述主题不一致,"因"句围绕"桌子东西的摆列情况"来展开论述,"果"句围绕"那些贵女们对我的态度"来展开论述。

例⑦"因"句主语为"哥哥",主题为"哥哥与柳胡卿胡子傅结义把我赶出门外"这件事;"果"句主语为"我"也就是文中的弟弟"孙荣","果"句主题为"弟弟孙荣杀平人"这件事。

例⑧"因"句主题为"丈夫将弟弟赶出家门,嫂子可怜小叔,并且劝夫不从"这件事,"果"句主题为"嫂子买黄狗,杀黄狗,扮狗为人"这件事。

例⑨"因"句主题为"贵族中人和寻常人看病能否进入宫门"这件事,"果"句主题为"医生每次看病的做法"。

例⑩"因"句主题为"对南洋土人的评价","果"句主题为"中国人到南洋做生意"这件事。

2. 清末民初白话报刊因果复句的语气类型

在清末民初白话报刊因果复句中,大多数因果复句都是陈述语气,本文根据各分句之间陈述语气与相同语气以及与其他语气的组合情况,将清末民初白话报刊因果复句分为陈述+陈述类、陈述+祈使类。

(1)陈述+陈述类的因果复句

陈述类+陈述类的因果复句的各分句都是陈述语气,这种语气类型,在清末民初白话报刊因果复句中发出现次数最多。例如:

案例⑪指甲里最为微生物容易隐藏之地,传入口中,为害不小,故修指甲当用小刀或用剪刀。[《少年》1911.1.4]

案例⑫微生物与鬼神,是同一看不见的东西,而鬼神之说,相传已久,微生物之说,不过起于近数十年,所以信有鬼神之人多,信有微生物之人少。[《少年》1911.1.3]

案例 ⑬ 中国受鸦片之害，早已人人深悉，无用细表，所以近来朝野上下，皆急于禁除。[《少年》1911.1.4]

案例 ⑭ 此役发生在鼠身上，所以谓之鼠疫。[《少年》1911.1.5]

案例 ⑮ 此病初起，必然头痛身热，身上会长起核子来，所以又谓之核子瘟。[《少年》1911.1.5]

以上例句都是"因"句和"果"句均为陈述语气的因果复句，"因"和"果"也都得到了充分的叙述和表达，体现了因果复句的因果性。

（2）陈述＋祈使类的因果复句

在陈述＋祈使类的因果复句中，"因"句陈述理由，"果"句表达祈使的语气，从而使请求变得更加委婉与合理。

案例 ⑯ 因不熟悉匈奴地理，乃募一个有才干胆量的人，使他前去见机行事。[《少年》1911.2.15]

案例 ⑰ 单于想磨难到苏武无可如何，他自然回转意来，便把他囚在旧米仓中，不给他一些饮食。[《少年》1911.2.16]

案例 ⑱ 我奉命来取兰亭，今已得了，故唤师来告别。[《少年》1911.4.46]

案例 ⑲ 因为萧翼能办，赏赐金银绸缎，不计其数。[《少年》1911.4.46]

案例 ⑳ 因思既为近邻，不妨下一个帖儿，定一个日子，请他到家中来吃一席酒。[《少年》1911.4.48]

以上例句都是"因"句为陈述类语气，"果"句为祈使类语气的因果复句，这种语气类型的因果复句语义焦点是表达祈使语气的"果"句，"因"句只是阐释了祈使的可能性。

本文以清末民初白话报刊为语料，运用描写与解释等研究方法，针对语料中出现的典型因果复句，分别从句法、语义和语用三个层面对该句式进行了研究。通过研究，得出了如下结论：

从句法结构来看，清末民初白话报刊因果复句的关联词主要有三种类型，分别是前后标记都有的因果复句、只有前标记的因果复句和只有后标记的因果复句。

从语义方面来看，语义特征主要体现为"因果性"，语义类型主要包括"因果性"和"推论性"两种类型。

从语用方面来看，主要分为主题单一和主题多元两种类型的因果复句，并且语气类型也主要有两种，它们分别是"陈述＋陈述类"和"陈述＋祈使类"。

参考文献

[1] 郭中.因果复句关联标记模式与语序的蕴涵关系 [J].语言研究.2015(1).

[2] 荣丽华.汉语因果复句研究综述 [J].长春师范学院学报.2011(9).

[3] 齐圣轩.近代汉语因果复句研究 [D].苏州大学,2013.

[4] 李为政.近代汉语因果句研究 [D].北京大学，2013.

[5] 章欣.原型理论背景下因果复句考察 [J].国际汉语教学研究.2015 年（2）.

[6] 董佳.汉语因果复句的原型表达 [J].陕西师范大学学报（哲学社会科学版），2012，41（3）：141-145.

[7] 刘振铎.现代汉语复句 [M].天津：天津人民出版社，1986.

[8] 邢福义.汉语复句研究 [M].北京：商务印书馆，2001.

[9] 胡裕树，范晓.试论语法研究的三个平面 [J].新疆师范大学学报,1985(2):7-15.

[10] 储泽祥，陶伏平.汉语因果复句的关联标记模式与联系项居中原则 [J].中国语文.2008(5).

[11] 张金桥，莫雷.汉语无关联词因果复句的命题表征项目互换效应 [J].应用心理学.2004（03）.

[12] 吕叔湘.中国文法要略 [M].北京：商务印书馆，1956.

[13] 沈家煊.复句三域"行、知、言"[J].中国语文.2003(3).

[14] 徐阳春.现代汉语复句句式研究 [M].北京：中国社会科学出版社，2002.

[15] 张滟.因果复句关联标记句法—语义研究——基于"交互主观性"认知观 [J].

外国语，2012（3）

第三节　清末民初白话报刊假设复句研究初探 ①

王欣宇（2017 级汉语言文学本科专业）

一、研究缘起

假设复句是现代汉语里的一种较为重要的复句类型，无论是在句法还是在关联词的使用方面都是较为复杂的。清末民初时期是汉语语言发展变化的转型期，是近代汉语向现代汉语过渡的重要时期，这一时期的语料兼顾文言与白话的特点。在白话报刊中这一表现尤为突出。这一时期的白话报刊语言通俗易懂，涉及内容广泛，是考察清末民初语言特点的重要语料，有助于拓宽汉语研究的深度。目前，学术界对现代汉语假设复句的研究较为全面，但是对于清末民初白话报刊这一语料中的假设复句研究较为薄弱。鉴于此，本文从有标假设复句和无标假设复句两方面对这一语料进行研究，结合假设复句的相关理论以及清末民初这一时段的白话报刊，具体分析清末民初时期白话报刊中假设复句的特点。通过对清末民初白话报刊中假设复句的特点的分析和阐释，进一步和现代汉语中假设复句的特点进行比较，从而得出二者的区别。本文的语料主要

---

① 原文题目为"清末民初白话报刊假设复句研究"，作者王欣宇从句法、语义及语用三个层面进行了考察，此文为其中的主要部分，从句法层面对清末民初假设复句进行了初探。特此说明。

来源于 20 世纪初叶 1911–1912 两年的《少年》语料通过对其假设复句的研究来看当时假设复句呈现出的语法面貌。

二、清末民初白话报刊有标一致假设复句

根据有标一致假设复句中关联词的使用位置分为以下几种情况：假设句使用关联词语，结果句使用关联词语，假设句和结果句并用关联词语。下面我们将对这三种情况进行详细分析。

（一）假设句使用关联词语的有标一致假设复句

清末民初白话报刊中假设复句使用的关联词语数量众多，主要集中为"如""若""倘若""倘然"以及译为"假如"的"即"。为了方便讨论，将具有相同语素的词语归为一类。如"倘"类包括"倘若""倘然""倘"这几个关联词。

1."若……"类有标一致假设复句

以"若"为标志词的有标一致假设复句在清末民初白话报刊的应用中较多，在查找的语料中，以"若"为标志词的假设复句的使用频率在 30% 左右。可以说，"若"在表假设的关联词中占据半主导地位。在用"若……"表示假设关系的假设复句中，它的书面语色彩较其他标志词更为浓烈。

"若"一般用于有标一致假设复句的偏句时，表示假设的情况或条件。可以用于主语之前、主语之后、还可以有"若……若……"构成连续假设句。

（1）"若"用在主语之前，前后分句主语不一致。例如：

案例 ① 若不是如此 便羞羞惭惭的白过了一世 岂不可惜[《少年》1911 年第 2 期]

案例 ② 若是已经坏的 他还来给我见面么[《少年》1911 年第 3 期]

根据句子语境，可以知道例 ① 中偏句主语是"人生少年时节须先立下个

保护同类担当天下的志气"，正句中主语变为"人"，前后两个分句中的主语不一致。根据语境，可以知道例②中偏句主语是"心肝"，主句主语是"他"，前后分句中主语不一致。

（2）"若"用在主语之前，前后分句主语一致。例如：

案例③ 若是体内既有肺 又有鳃 则就可水陆地两栖了[《少年》1911年第5期]

案例④ 若吹气者有疾 又易传染病症 至于讨人厌 犹小事也[《少年》1911年第6期]

根据语意，可以发现例③中偏句的主语是"体"，这个"体"既可以理解为"人体"又可以理解为"鱼体"，主句中主语也为"体"，由于前一分句和后一分句主语一致，所以将后一分句的主语省略。例④中偏句主语为"吹气者"，主语也为"吹气者"，两个分句主语一致，所以后一分句的主语也被省略了。

在清末民初的白话报刊中，"若"用在主语前，前后分句主语不一致的有标一致假设复句较为常见，前后分句主语一致较为少见。

（3）"若"用在主语之后，前后分句主语不一致。例如：

案例⑤ 大哥若是打杀人 也是我每替你偿命[《少年》1911年第1期]

案例⑥ 你若要我解决得来 我便饶你[《少年》1911年第7期]

例⑤句中，偏句和主句均为主谓句，偏句主语为"大哥"，主句主语为"我"，前后分句主语不一致。例⑥中，偏句主语为"你"，主句主语为"我"，前后两个分句主语不一致。

"若"用在主语之后，前后分句主语一致，在清末民初白话报刊中并未出现。

（4）"若……若……"构成连续假设句

案例⑦ 若既要耕田 又要作工 则耕田必不能好 又如骑马的人 便当专心骑马 若既要骑马 又想坐车 则骑马必不能精 汝今一面捕鱼 一面又要吹笛 用心不专壹 何怪不能得鱼 [《少年》1911 年第 1 期]

案例⑧ 若是结义时 照旧相待 万事全休 若还不睬 你我就去当官告他 哥哥杀人 兄弟 埋尸 [《少年》1911 年第 1 期]

例⑦与例⑧连用两句分别连用两个"若"，表示连续假设。例⑦两个有标一致假设复句连用，两个分句均是针对同一话题所举的两个例子的不同方面的假设，两个假设复句之间是并列关系。两个分句的主语相同。例⑧两个假设复句连用，形成一种正反对比：如果孙华还结义，那我们就还像旧时那样和他相处，万事全休；假如他还不理睬我们，你和我就去衙门告他，哥哥杀人，弟弟埋尸。例⑧中两个分句主语不一致，为了表述清楚，偏句和主句的主语均出现了，这类复句在清末民初白话报刊中比较常见。

2."倘"类有标一致假设复句

在查找的相关语料中，以"倘"类为标志的有标假设复句在清末民初白话报刊中的应用最多，约占 50% 左右。"倘"类在表假设的关联词中占据主导地位。

（1）"倘……"句

"倘"是现代汉语常常单独使用的表示假设关系的关联词语，在清末民初白话报刊就已经开始表示假设关系了。例如：

案例⑨ 倘封得密密 沉在水里 可以勾引许多的鱼 [《少年》1911 年第 5 期]

例⑨是以"倘……"为关联词的有标一致假设句。其偏句和主句均为主谓句，两个分句为同一个主语，主语一致。

这种用法在清末民初白话报刊中的应用较少，更多的为两个分句间主语不一致。例如：

案例 ⑩ 倘要开通他们 还得要好好的教育 [《少年》1911 年第 2 期]

案例 ⑪ 倘燕子能将他的行程写成一篇游记 必定很有趣味 [《少年》1911 年第 3 期]

根据语境，例 ⑩ 偏句的主语为"槟榔屿"这一地点，主句主语为"人"，前后两个分句主语不一致。例 ⑪ 偏句主语为"燕子"，主句主语为"游记"，两个分句间主语不一致。在"倘……"句中，由于省略了分句的主语，形成分句主语难以判断的现象，如果想要区分，则需要结合语境。

（2）"倘使……""倘若……""倘然……"句

"倘使""倘若""倘然"均为现代汉语常用的表示假设关系的标志词，这是由清末民初传承下来的，在清末民初白话报刊中这些关联词语的应用也十分的多。例如：

案例 ⑫ 倘使身体不干净 没有洗澡 那气孔就给垢腻塞住 不能够开通 那就容易生病了 [《少年》1911 年第 3 期]

案例 ⑬ 倘然用水灌那花心中间 要灌得三升八合的水 才得把花心灌满 [《少年》1911 年第 3 期]

案例 ⑭ 倘若落下几根在衣袋例 行动之时 稍经摩擦 便发出火来岂不危险 [《少年》1911 年第 5 期]

例 ⑫ 中，偏句主语为"身体"，主句主语为"气孔"，两个分句之间主语不一致；例 ⑬ 中，偏句主语为"水"，主句主语为也"水"，两个分句之间主语一致；例 ⑭ 中，偏句主语为"火柴"，主句主语也为"火柴"，两个分句之间主语一致。因此，在以"倘使""倘若""倘然"为关联词的有标一致假设复句中，"倘使"和"倘若"两类分句的主语一致，"倘然"分句主语不一致。这在现代汉语中也极为常见。

3.“即”类有标一致假设复句

在查找的相关语料中，以“即”为标志的有标假设复句在清末民初的白话报刊中的应用较少。“即”属于文言词语，可翻译为现代汉语中的“就是”“假使”“倘若”“靠近”“到”等。如何区分在清末民初白话报刊中“即”字的意思，就需要借鉴邢福义在《汉语复句研究》提出的“从关系出发，用标志控制”。例如：

案例⑮ 即是教育游戏具 与练习体力之器具 必分设男女厕所并浴室 [《少年》1911 年第 3 期]

案例⑯ 岛中的树木 若大若小 一箍脑儿 被狂风齐根拔起 即重至数千斤的大树 在天空之中 转旋飞舞 有如羽毛 幸亏吹得不久 即已平伏 [《少年》1911 年第 5 期]

根据分句之间的关系，例⑮ 中前一分句提出了是教育游戏的器具与练习体力的器具的假设，后一分句为这一假设的结果：一定要设置男女厕所和浴室。根据语意可以判断例⑨ 为有标一致假设复句。例⑯ 中，“即”后引导的分句是为了解释说明岛上的风大。“即使是数千斤重的大树在天空之中，旋转飞舞，也像羽毛一样。”极言风之大。根据句意，可以判断例⑩ 中各个分句之间为条件关系，因此该句不是假设复句。在以“即”为标志词的复句中，不是所有的复句之间的分句都是假设关系，还需要根据具体的句意进行判断。

4.“如……”类有标一致假设复句

“如”可以译为“假如”，“假如”为假设复句的标志，因此“如”也可以成为假设复句的标志。例如：

案例⑰ 桌中如过着有病之人 大家便受了传染 [《少年》1911 年第 1 期]

案例⑱ 今后如若宅上欠缺 都在愚兄身上 [《少年》1911 年第 1 期]

例⑰ 中，偏句主语为“有病之人”，主句主语为“大家”，两个分句之间主语不同；例 ⑱ 中，偏句主语为"你的"，主句主语为"愚兄"，两个分句主语不同。在清末民初白话报刊中，这一现象较为常见，"如……"句的这一应用较广。

综上所述，在清末民初时期，白话报刊中所应用的有标一致假设复句中，两个分句间主语不一致的情况较多。这一现象与现代汉语是一致的。

（二）主句使用关联词的一致假设复句

据统计，清末民初白话报刊中主句单独使用关联词的一致假设复句较少，使用的关联词主要有"便""则"两个，数量远远小于偏句使用关联词的一致假设复句。主句使用关联词较偏句使用关联词的假设意味更不明显，因此我们主要根据前后句之间的语义关系进行辨别。

1．"便……"类有标一致假设复句

"便"用于假设复句主句句首，表示前一分句假设的结果。例如：

案例 ⑲ 喜欢就海水洗浴的 便可走到北海里去洗澡了 [《少年》1911 年第 3 期]

案例 ⑳ 限你七步成诗 过此不成 便要罚你 [《少年》1911 年第 4 期]

例 ⑲ 中，"便"位于主句之前，省略了主语，偏句主语为"喜欢就海水洗浴的人"，主句主语也可理解为"喜欢就海水洗浴的人"，两个分句主语相同。例 ⑳ 中，"便"位于主句之前，主句省略主语，偏句主语为"我"，两个分句主语相同。

2．"则……"类有标一致假设复句

"则"位于假设复句主句句首，表示前一分句假设的结果。可译为"那么"例如：

案例 ㉑ 一注以笑油 则活泼而生动矣 [《少年》1911 年第 3 期]

案例 ㉒ 有能讲说甚长的故事 长至没有了期的 则把我的我的爱女嫁他 更

承接了我的王位［《少年》1911 年第 5 期］

例㉑和例㉒一样，"则"都位于假设复句主句的句首，均可译为"那么"，假设意味更为强烈。

（三）偏句和主句并用关联词语的一致假设复句

在清末民初的白话报刊中，除了偏句使用假设关联词语和主句使用关联词语之外，还有偏句和主句并用关联词语的一致假设复句。因为偏句和主句并用关联词语的组合情况较多，本节仍采用第一节所提出的分类方式。

1."若……则 / 就 / 便……"句

以"若"作为偏句表假设的关联词语，主句用"则 / 就 / 便"这几个关联词语与之对应，这样的句式在语料中最为常见，假设的意味也更为强烈。例如：

案例 ㉓ 若是此种火柴的销路 年广一年 便没有工人中毒 也没有人吞了火柴自寻短见的了［《少年》1911 年第 5 期］

案例 ㉔ 养熟的鸵鸟 可供人骑 走得极快的时候 简直看不见他两足着地 喜在沙中做窠 雌的每季能生卵三十余枚 每枚重约二斤有余 非洲人最喜食之 但取之须极小心 若为母鸟所觉 则比不任其卵完好取归［《少年》1911 年第 7 期］

例㉓中"若"和"便"分别位于两个分句中，"若"位于偏句中，引出假设的内容，"便"位于主句中，表示之前假设所产生的结果，相当于现代汉语的"如果……那么……"。例㉔中"若"和"则"分别位于两个分句中，"若"位于偏句中，"则"位于主句中。相当于现代汉语的"如果……就……"。

2."倘使 / 倘若 / 倘然……就 / 可以 / 要"句

以"倘然""倘若""倘使"作为偏句表假设关系的关联词语，主句则用"就""可以""要"这几个关联词与之对应，假设的意味更为强烈。例如：

案例 ㉕ 倘然患了很久的病症两回 就要照章除名［《少年》1911 年第 2 期］

案例 ㉖ 倘使他活到一百岁 那胡子可以长到二十尺咧 [《少年》1911 第 8 期]

例 ㉕ 中"倘然"和"就要"分别位于两个分句中,"倘然"位于偏句中,表示假设的情况,"就要"位于主句中,表示假设的结果,相当于现代汉语的"如果……那么……"。例 ㉖ 中"倘使"和"可以"分处于两个分句中,"倘使"位于偏句主语前,偏句主语为"他","可以"位于主句主语后,主句中主语为"胡子",两个分句的主语不同,但是按照语境可以理解为"如果……那么(一定)……"。

3. "如 / 如果……则 / 也 / 固"句

以"如""如果"作为偏句表假设关系的关联词,主句则用"则""固""也"这几个关联词与之对应,假设的意味更为强烈。例如:

案例 ㉗ 如果胜了 也替中国人争个光彩 [《少年》1911 年第 1 期]

案例 ㉘ 如用布 则装置费事 舒卷费时 [《少年》1911 年第 2 期]

案例 ㉙ 如在上海 固可用自来水矣 [《少年》1911 年第 2 期]

例 ㉗ 中"如果"和"也"分别位于两个分句中,"如果"位于偏句中,表示假设的情况,"也"位于主句中,表示假设的结果,相当于现代汉语的"如果……那么……"。例 ㉘ 同理。例 ㉙ "如"和"固"分别位于两个分句中,"如"位于偏句中,"固"位于主句中,相当于现代汉语的"如果……就……"。

在清末民初的白话报刊中,没有以"即"为标志的可以和它连用的表示假设关系的关联词,在这一时期的白话报刊中他一般自己单独使用。

综上所述,在清末民初的白话报刊中,双音节的表示假设关系的关联词较多,这一现象在现代汉语中也有明确体现,我们可以说,现代汉语中表示假设关系的双音节假设关联词语是对清末民初时期的继承和发展。

从关联词语的位置来看，清末民初白话报刊中，偏句表示假设关系的关联词语，大多数位于主语前面，少数位于主语后面，主句表示假设关系的关联词语，大部分位于句首。

从关联词语的使用情况来看，"即"只可以自己单独使用，一般位于主句句首，"如""倘"等关联词语，既可以自己单独使用，也可以和"便""则"等配套使用。

假设复句是复句系统中极为重要的一种类型，小文选取了清末民初时期的白话报刊作为研究语料，在广泛搜集例句的基础上对有标一致假设复句的语法特点做了系统的研究。

在关联词语的表现形式上，有标一致假设复句中表示假设关系的关联词重多，且他们可以灵活组合，形式多变。关联词语在复句中的位置与现代汉语中的情况基本一致，有很多关联词语一直应用到现在。至于语义和语用特点另文讨论。

参考文献

[1] 丁声树等.现代汉语语法讲话[M].北京：商务印书馆，1999.

[2] 黎锦熙.新著国语文法[M].长沙：湖南教育出版社，2007.

[3] 吕叔湘.中国文法要略[M].北京：商务印书馆，2007.

[4] 马建忠.马氏文通[M].北京：商务印书馆，1983.

[5] 王力.中国现代语法[M].北京：商务印书馆，1985.

[6] 邢福义.汉语复句研究[M].北京：商务印书馆，2001.

[7] 徐阳春.现代汉语复句句式研究[M].北京：中国社会科学出版社，2002.

[8] 崔丽丽.汉语假设复句研究综述[J].语文学习，2003(1)：29-32.

[9] 罗进军 . 有标假设复句研究 [D]. 华中师范大学博士学位论文，2007.

[10] 郑烨 . 近代有标假设复句研究 [D]. 兰州大学硕士学位论文，2016.

第四节　清末民初结构助词 "的" 用法研究

刘竹青①（2018 级汉语国际教育本科专业）

引 言

清末民初是中国由封建社会向现代社会过渡的重要时期，许多仁人志士希望通过传播先进的思想文化来进行社会变革。报纸作为重要的传播媒介，在这一时期得到迅速发展，这一时期的白话报刊不仅数量众多而且真正达到了 "言文一致"，呈现出了不同于现代汉语的鲜明特点。本文将以清末民初白话报刊《中国白话报（1903-1904）》中的 "的" 为研究对象，与现代汉语中 "的" 的用法进行对比。

"的" 字在现代汉语中的使用频率极高，用法也很复杂。对它的用法语法学界有过多种描写。朱德熙（1961）把 "的" 分为三类：作为副词性语法单位后附成分的 "的"、作为形容词性语法单位后附成分的 "的" 和作为名词性语法单位后附成分的 "的"。根据分类的不同，分作结构助词，实体助词和语气助词三类。本文主要探讨作为结构助词的 "的"。

关于修饰语和中心语的关系，张敏（2008）认为在定语与中心语之间的 "的" 可分成表情状、表领属以及表属性三种。这三种 "的" 字的隐现是由句法相似性动因所决定。因为表领属的定语大多有能力修饰中心语，所以 "的"

---

① 目前，作者刘竹青就读于北京语言大学汉语国际教育专业，为 2022 级硕士研究生。

可以省去。而促动这一形式特性的是认知语义上的因素，即这类定语多可充任中心语的规约分类指标，故定语和中心语的概念整合度高，距离较小。表情状与表属性的，由于定语表达的概念和中心语的概念距离较大，所以不能隐现。

本文将从修饰语与中心语的音节数量等角度对清末民初结构助词"的"进行分析，归纳清末民初时期的特殊用法，并与现代汉语进行对比。

一、"N+ 的 +NP"结构

"名词 + 的"主要用来修饰中心名词，可以组成偏正式名词性短语。在这种"N1+ 的 +N2"短语中，N1 和 N2 之间有多种语义关系。可以表示领属、属性、材料和比喻等意思。清末民初的白话报刊中存在大量的名词性定语。

1. N1+ 的 +N2，N1 为单音节名词，N2 为单音节

案例①搭山的搭法是什么样呢，是把那稻草或树皮相搭，如同山的样一般。[《中国白话报》1903（2）49]

案例②鱼久在浓料的水中，忽然叫他入淡料的气中，那鱼的性失了。倘使缲生出来的鱼，就把他放在石上，渐渐的习练将离水的自由，就是偶然出水，也可以得活。[《中国白话报》1904（21-24 合期）642]

清末民初白话报中 N1 和 N2 为单音节的情况比较少，例①中"山的样"是表比喻，"N1+ 的 +N2"的格式可以变换为 N2 像 N1（一样），"山的样"可以变换为"样（子）像山一样"。例②中"鱼的性"表示领属。

2. N1+ 的 +N2，N1 为单音节名词，N2 为双音节

案例③ 傥然有各种好玩的歌谣，教孩子们唱唱，也着实可以长进他的识见畅快他的性情。[《中国白话报》1903（1）4]

案例④因为他既担了许多责任，我们应该赏他的功劳。[《中国白话报》1903（1）10]

案例⑤ 你们若肯听我的说话，天天看这白话报，自然會漫漫的伶俐起来，漫漫的在行起来，大家也漫漫的和好起来了。[《中国白话报》1903（1）8]

案例⑥我的意思是望你们列位天天记挂着我们祖宗黄帝，将来好好的替他争点面子。

案例⑦胡钦差住在俄国，他的信息一定是打听得很真的。[《中国白话报》1903（1）15]

例③～⑦中"他的识见""他的性情""他的功劳""我的说话""我的意思""他的信息"都是表示领属关系，其中"他的识见""他的功劳"是非固有关系，有N1未必有N2，可以变换成NI有（没有）N2的格式。如"他有（没有）功劳"。"他的性情""我的说话""我的意思""他的信息"都是固有关系，有N1必有N2，不可以转换成N1有（没有）N2的格式。

3. N1+ 的 +N2，N1为双音节名词，N2为单音节名词

案例⑧俄人的兵仍是不肯退去，庆王张之洞二人，请美国的公使出来帮助中国。[《中国白话报》1903（2）39]

案例⑨我今体谅你列位的心，所以把各种报上所登的那顶好顶好的说话采集下来都登在我这报上。[《中国白话报》1903（1）5]

案例⑩自已顾自己把公众的事靠着皇太后皇帝文武百官，如今那座四明公所，早巳被法国占去了。[《中国白话报》1903（1）24]

案例⑪ 那个军门迟了半天答道，臣手下的兵包打三天，过了三天，倘使还要再打下去，那就不大妙了。[《中国白话报》1903（1）16]

案例⑫ 这也是优胜劣汰天演的公例，毫不希奇的还有大大体面的事呢。[《中国白话报》1903（1）34]

例8～⑪中"俄人的兵""列位的心""公众的事""手下的兵"都是表示领属关系，例⑫"体面的事"表示属性。

4. N1+ 的 +N2, N1 和 N2 均为双音节名词

案例 ⑬ 我们这一辈子的人，不知便罢，倘然知道了天下的大势，看透了中国的时局，见得到便做得到。[《中国白话报》1903（1）2]

案例 ⑭ 但古人的学问大半有用的，所以他的说话也很中听，如今拣那顶浅近的有味道的演出来，你们倘能够学着他，将来也好入圣庙了。[《中国白话报》1903（1）5]

案例 ⑮ 天下是我们百姓的天下，那些事体全是我们百姓的事体。[《中国白话报》1903（1）7]

案例 ⑯ 我今且把中国几个大山脉大河流以及那城邑市镇，照着演义的派头，一段一段演出来给大家听听，以后再把地球的大势各国的地理演出来，很有趣味的[《中国白话报》1903（1）3]

案例 ⑰ 俄公使说道，中俄两国，交情是很好的，俄国并没有占中国土地的意思，中国万不可听信别国的话，坏了两国的交情。[《中国白话报》1903（2）47]

例 ⑬ ～ ⑰ 中"中国的时局""古人的学问""百姓的天下""百姓的事体""演义的派头""地球的大势""各国的地理""两国的交情"，其中"演义的派头"是表比喻，派头像演义（一样）。这种用法一直延续到现代汉语，但不同的是，清末民初白话中双音节名词作定语时"的"字有时不出现，变成"名词＋名词"的形式，如：

案例 ⑱ 苏府朋友寄来一封信说道，前几天苏州抚台恩大人接到北京一封电报。[《中国白话报》1903（1）18]

案例 ⑲ 本国文字没有一个人不通的，因他那种文字和说话一样。[《中国白话报》1903（1）1]

案例 ⑳ 好招揽外头生意。[《中国白话报》1903（1）4]

案例㉑ 张之洞道他这事并没有奉旨，我们中国皇帝所以不肯算账的。[《中国白话报》1903（1）16]

案例㉒ 那俄国钦差卷着胡子抬起头看看天。[《中国白话报》1903（1）16]

案例㉓ 冬天时候冷得要命.[《中国白话报》1903（1）10]

案例㉔ 杭州朋友来信说，杭州地方向来文风很好，现今兴了新学，读书人里头，多想开通风气，创办学堂。[《中国白话报》1903（2）47]

案例㉕ 这蚩尤本领着实大得很，能够呼风唤雨，又能够做起雾来，把我们士兵都弄得两眼同瞎子一样。

吕叔湘（1990）认为："很多双音名词要求后面的名词宾语至少有两个音节（单音节宾语限于代词）。"可知双音节名词作定语时，中心语也为双音节的形式较为常见。例⑱ 中"苏府朋友""本国文字""外头生意""中国皇帝""俄国钦差"中、"冬天时候""杭州朋友""我们士兵"，不使用"的"字。而在现代汉语中定语是人称代词、表人的名词、以及疑问代词，中心语是表事物的名词，这样的定中词组定语和中心语之间必须用"的"，所以"我们士兵"在现代汉语中应为"我们的士兵"，表示领属关系，是偏正结构的短语。如果不用"的"字就无法形成领属关系，变为同位短语，语义功能发生了变化，所以"的"必须出现。

定语为双音节表国名或地名的名词修饰双音节中心语时可以隐含也可以显现，所以"苏府朋友""本国文字""中国皇帝""俄国钦差""杭州朋友"可以加"的"变为"苏府的朋友""本国的文字""中国的皇帝""俄国的钦差""杭州的朋友"。但二者语义关系不同：用"的"时表示领属关系，不用"的"时表示性质。例⑳ 中的"外头生意"是强调"外头"的"生意"，起修饰作用有意义，所以"的"必须出现。

结合上述例子我们可以看出，虽然"名词＋的＋名词"的用法基本相同，但清末民初白话中双音节词作定语时，"的"字用法不稳定，有时直接用"名词＋名词"的格式，这种格式与现代汉语中的用法有差别，意思上不完全相同。

二、"A+的+N"结构

形容词修饰名词时用不用"的"有三种情况。分别是必加"的"字，"的"字可加可不加和不能加"的"。

1. A1+的+N1，A是单音节，N是单音节

案例㉖ 譬如头一回长的叶他吃了以后，剩的残叶还多，那第二回的叶就给少一点。[《中国白话报》1903（1）20]

案例㉗ 比如把一本书摆在几上，这书就占了这几的地位，别的书总不能再占这个地位了。把一个钉钉在墙壁上，这钉就占了这墙壁的地位，别的钉总不能再占这地位了。[《中国白话报》1904（21-24合期）598]

例26中"长的叶"，"的"字可加可不加，无"的"时称为短语词，有"的"时则称为短语。可以变换为"长叶"。

2. A1+的+N1，A是单音节，N是双音节

案例㉘ 唉，深的文法，列位们又看不懂，就是说把你听，列位们又是听不来的。[《中国白话报》1903（1）2]

案例㉙ 倘然没有一定的时候，他肚子饿的时候，没有叶吃，到饿坏了，你要求他吃叶，他也不能彀吃了。[《中国白话报》1903（1）20]

例㉘～㉙中"深的文法""饿的时候"，必加"的"字。不加"的"结构不能成立，借助"的"字，这种修饰上的搭配就变得自由了。形名组合插入"的"字以后，前面的形容词可以扩展为偏正短语或者并列短语，后面的名词也可以扩展为偏正短语或并列短语；不插入"的"字，这种扩展是不成立的。

3. A1+ 的 +N1，A 是双音节，N 是单音节

案例 ㉚ 若是看了外国的史书，知道比我们强的国度甚多，那种自大的心，只怕溜到瓜洼国里去呢。[《中国白话报》1903（2）39]

案例 ㉛ 你看外国人教小孩子都是用那种好好的歌来教他，因为那唱歌比念书容易些。[《中国白话报》1903（1）4]

案例 ㉜ 我今把各种奇怪希罕好玩的事，随便抄几条给列位看看，着实开心哩。[《中国白话报》1903（1）4]

案例 ㉝ 若是伶俐的人，他那聪明即赛得过诸葛亮，若遇着事体，又是件件在行，还有什么人敢来骗他。[《中国白话报》1903（1）7]

案例 ㉞ 倘使他一旦弄了毙，我们使撵他去，把一切的权收回来，再拣一个公公正正的人办事，这还有什么客气呢。[《中国白话报》1903（1）10]

案例 ㉟ 那种古文，不一定个个要学他，所以平常的人就是不懂古文也不要紧。[《中国白话报》1903（1）1]

例 ㉚ ～ ㉝ 中"自大的心""好玩的事""伶俐的人"都必须加"的"，表示属性。例 ㉞ ～ ㉟ "一切的权""平常的人"可加可不加。

4. A1+ 的 +N1，A 是双音节，N 是双音节

案例 ㊱ 倘然有各种好玩的歌谣，教孩子们唱唱，也着实可以长进他的识见畅快他的性情。[《中国白话报》1903（1）4]

案例 ㊲ 大家因商量道我们如今即搬到这块大地，不能不想个长久的主意。[《中国白话报》1903（1）9]

案例 ㊳ 这论说很没有一定的范围，凭着我们的见识，见到那里说到那里。[《中国白话报》1903（1）3]

案例 ㊴ 若有什么新鲜的货色，或是什么新出的书，要来登登告白，好招览外头生意，我也很喜欢替你老板先生们登上去。[《中国白话报》1903（1）6]

案例 ⑩ 大凡有本领利害的人，他总有比别人不同的地方。[《中国白话报》1903（1）13]

案例 ⑪ 把这百姓们公共的土地，认成他自家的私产，于是分天下为三十六郡，不要诸侯，安顿了些太守管着。[《中国白话报》1903（2）43]

案例 ⑫ 大家都说，对付俄国，要用强硬的手段。[《中国白话报》1903（2）47]

例 ㊱ ～ ㊷ 中"好玩的歌谣""长久的主意""一定的范围""新鲜的货色""不同的地方""公共的土地""强硬的手段"都必须加"的"。

双音节形容词构成"的"字短语都可以修饰名词，其中一部分还可以代替名词，而另一部分则不能。《现代汉语八百词》指出："修饰语是限制性或分类性的，中心语名词可省，修饰语是描写行或带感情色彩的，中心名词不能省。"这里我们可以用否定变换来辨别，如果存在否定变换那么其中的"形 + 的"有可能代替后面的"名"，否则不能。例如：

（不）好玩的歌谣　　好玩的　　（不）新鲜的货色 新鲜的

（不）强硬的手段　　强硬的　　（不）好玩的事 好玩的

（不）伶俐的人　　　伶俐的

上述短语中的双音形容词对中心名词是区别性的，其中形容词构成的"的"字短语可以替代名词，肯定式和否定式都能替代名词。下列短语中的双音形容词对中心名词是修饰性的，其中形容词构成的"的"字短语不能代替名词。

（不）长久的主意　　长久的　　（不）一定的范围 一定的

（不）不同的地方　　不同的　　（不）公共的土地 公共的

（不）自大的心　　　自大的　　（不）一切的权　一切的

三、"V+ 的 +N" 结构

"动词 + 的"结构主要用于修饰中心名词或代替中心名词。根据动词与中心名词之间的语义关系，"V+ 的 +N"结构可以分成两类。第一类"V+ 的 +N"短语，N 可以变换为 V 的主语，第二类"V+ 的 +N"短语，N 不能变为 V 的主语或宾语。

1. V1+ 的 +N1，V 是单音节，N 是单音节

案例 ㊸ 你列位想想看，庚子的乱事，不过打个败仗，那些百姓还吃亏不了，现在瓜分大祸一到，我们做百姓吃的亏，更不必说了。[《中国白话报》1903（2）38]

案例 ㊹ 剥尔就是把那天所采的茧，将那面上的乱丝全剥了去。[《中国白话报》1903（2）50]

案例 ㊺ 读论语必须将圣门各位贤人所说的话，分类条列出来，如一部论语里头，子夏所说的话，都把他采出。[《中国白话报》1904（21-24 合期）628]

案例 ㊻ 中国起先所用的冰，都是由英国波士敦运来的。这都是天然的冰，以后晓得造冰的法子，就不用那天然的了，但起先所造的冰很粗很坏，以后渐渐的灵妙了。[《中国白话报》1904（21-24 合期）647]

例 ㊸ ～ ㊻ 中"吃的亏""采的茧"都表所得，"名"表示"动"的所得。

案例 ㊼ 那西藏的百姓吃亏，想来也共东三省差不多了。

此外在清末民初白话报中还有"的"字隐含的情况，"吃亏"实际是"吃的亏"但在现代汉语中"的"字是不能隐含的，隐含后原来的定中结构就变成了动宾结构，语义也会随之发生变化。

2. V1+ 的 +N1，V 是单音节，N 是双音节

案例 ㊽ 村里住的人家却是满千满万的财主，统算一村人口共有四千，大家安安躭躭，已经是二百多年的太平世界了。[《中国白话报》1903（1）25]

案例 ㊾ 你道天下顶实在的事业是那两样，岂不是吃的米谷共那穿的衣服吗？[《中国白话报》1903（1）19]

案例 ㊿ 我只管我的赈罢，你们列位请看，我后头分的门类，便晓得我这《中国白话报》，是个极好看的东西哩。[《中国白话报》1903（1）2]

案例 (51) 譬如有个人家今天讨老婆，办的喜酒很多。[《中国白话报》1903（1）6]

案例 (52) 就像店里请的伙计一般，老板若果不糊涂，那伙计怎敢天天弄弊黑着心肝开糊涂账呢。[《中国白话报》1903（1）6]

案例 (53) 剥的法子，先以右手的两指，撮住那乱丝，左手将茧子旋转数下。[《中国白话报》1903（2）50]

例 ㊽ ～ (53) 中“住的人家”“吃的米谷”“穿的衣服”“分的门类”“办的喜酒”“请的伙计”“剥的法子”其中“吃的米谷”“穿的衣服”“分的门类”“办的喜酒”“请的伙计”是表受事，“住的人家”“剥的法子”是表示工具。

3. V1+ 的 +N1，V 是双音节，N 是单音节

案例 (54) 看这报的人也很多，为什么风气还是不开，明白的人还是这样少，中国还是不能够自强呢。[《中国白话报》1903（1）1]

案例 (55) 英国人就要同他见输赢了，或是派个刺客，把那做报的人刺死，宁可赔代一条身命，不肯把国家的名誉，听人玷辱。[《中国白话报》1903（2）38]

案例 (56) 说这东三省的事，就是黄种存亡的事。[《中国白话报》1903（2）47]

案例 (57) 只好用中国外国正史小说，各种样子掺合越来，挈通行的话演成书，又浅又显又简捷。[《中国白话报》1903（2）40]

案例 ⑱ 两家相争，争到利害的时候往往有人出来调停，这调停的人，也有由相争的两家请来，也有自己好走出来调停的。[《中国白话报》1904（21-24 合期）634]

例 ⑭ ～ ⑰ 中"明白的人""做报的人""存亡的事""通行的话"和现代汉语中的用法一致。

4. V1+ 的 +N1，V 是双音节，N 是双音节

案例 ⑲ 村里具有许多恶汉，也共猛兽差不多，天天做那打劫的勾当。[《中国白话报》1903（1）25]

案例 ⑳ 到我吃亏的时候，他们也道这事不与他相干，也不来帮助我，岂不是我也做了姓张的样么。[《中国白话报》1903（1）6]

案例 ㉑ 因想从前玫瑰屯未把强盗占去的时候大家何等安闲自在，到此了刻弄得民穷财尽。[《中国白话报》1903（1）26]

案例 ㉒ 况且有病总有个病的缘故，能够晓得致病的缘故，天天小心，那病自然不发了。[《中国白话报》1903（1）20]

案例 ㉓ 任他糊糊涂涂，问都不问，把这种天大的责任交给与他，安得不弄到如今瓜分的惨祸呢。[《中国白话报》1903（2）38]

案例 ㉔ 奉了朝廷命令，大徵民夫，一路之上，借了抽丁的名头，他们这些怕死的百姓求我方便。[《中国白话报》1903（1）29]

案例 ㉕ 你快快收拾长行，不要误你立功的大事。[《中国白话报》1903（1）30]

案例 ㉖ 寡人即要你做官，你就不做猫也不要紧，或是带一点做猫的癖姓，学一点做猫的本事，将来也可以吓吓百姓哩。[《中国白话报》1903（1）32]

案例 ㉗ 有个教书的先生，天天没事时候，坐在椅子上把衣服脱下来捉白虱子。[《中国白话报》1903（1）33]

案例 ㉘ 但是这失利的缘故都是因为这蚕，养得不得法，把他养坏了，所

以白费了功夫花了钱。[《中国白话报》1903（2）48]

例⑤⑨～⑥⑧中"打劫的勾当""吃亏的时候""占去的时候""致病的缘故""瓜分的惨祸""怕死的百姓""立功的大事""做猫的癖性""教书的先生""失利的缘故"都与现代汉语中的用法一致。

此外，清末民初白话报中还有动词直接加名词的情况，如：

案例⑥⑨ 第三件吃叶时候没有一定。[《中国白话报》1903（1）22]

案例⑦⓪ 出使俄国钦差大使姓胡名惟德。[《中国白话报》1903（1）15]

案例⑦① 譬如有个读书人他肚子很通文章做得很好，遇着考试时候忽然害了病，你想那文章做得成功不成功[《中国白话报》1903（1）20]

案例⑦② 有个教书的先生，天天没事时候，坐在椅子上把衣服脱下来捉白虱子。[《中国白话报》1903（1）72]

案例⑦③ 我这采集工夫也大得很，你们莫要胡乱听了，丢在耳朵后头，我们中国如今四万万民族。[《中国白话报》1903（1）33]

例⑥⑨～⑦①"吃叶时候""出使俄国钦差""考试时候""没事时候""采集功夫"中"的"字均隐含，其中"采集功夫"在现代汉语中意思可成立，"出使俄国钦差""吃叶时候""考试时候""没事时候"不符合现代汉语用语规范，"的"字需要显现。

四、"Pron+的+N"结构

代词有代替、指示作用。它跟所代替、所指示的语言单位的语法功能大致相当。传统语法按作用划分成三大类：代替人或事物的叫人称代词，表示疑问的叫疑问代词，指称或指定人、事物、情况的叫指示代词。清末民初白话报中出现较多的是指示代词的情况。

指示代词 + 的 +N1

现代汉语中代词"这样""那样""怎么样""什么样"等做定语时具有描写性，须用"的"，而在清末民初白话报中，指示代词作定语的句子"的"字不出现的情况较多。下面主要以"这样"为例，如：

案例⑦ 闲话休提，言归正传，你道我们做百姓的身份，这样说法呢，第一件要伶俐。做人不伶俐，便是獃子。獃子是人家顶看不起的，天下做坏事的人顶怕把伶俐人看破，若遇着獃子，他就是当面做几种坏事也不怕了。[《中国白话报》1903（1）7]

案例⑦⑤ 你想我们中国这样风水，我们汉族安得不年年添丁，古人常说即得陇又望蜀这时长住在北边，也觉得不耐烦，于是又一步一步的搬到扬子江一带。[《中国白话报》1903（1）34]

案例⑦⑥ 这样见识，不但是不读书不识字的粗人如此，就是那些红顶花翎的大人们，点了翰林中了举人进士的老爷们，大半也是这样。[《中国白话报》1903（2）39]

案例⑦⑦ 因叹一口气道我早晓得有今天这样光景，倒不如庚子那一年躲在陕西不回来。[《中国白话报》1903（1）26-27]

案例⑦⑧ 哪晓得宁波人知道这个消息，大家动起公愤，都道这样糊涂官，我们若只管靠着他，后来必定把身命妻子都送给外国人了。[《中国白话报》1903（1）23]

案例⑦⑨ 他们一颗子闹义和拳的时候，都是这样说法吗？[《中国白话报》1903（2）9-12]

案例⑧⓪ 日本见了俄国这样行径，想起甲午那年受他欺侮，如今你俄国却自己占了东三省，自然不答应的。[《中国白话报》1903（2）65]

案例⑧① 你看这位女学生，这样口才，这样明白，将来还怕造就不成个女

英雄吗。[《中国白话报》1904（5）151]

在现代汉语中，"这样"修饰名词或名词短语时，要在名词或名词短语前加"的"，但在清末明初的白话报中，"这样"不加"的"直接修饰的情况较多，这也是"这样"在近代与现代汉语语法特征上最大的不同。如例⑦～⑧中"这样说法""这样风水""这样见识""这样光景""这样糊涂官""这样说法""这样行径""这样口才"都是指示代词"这样"直接作定语修饰中心语，中间不加"的"。

出现这种演变情况是因为"这样"最初是由"这"加上量词"样"组成的词组，在词汇化过程中，"这样"的语义功能和语法功能都发生了变化：语义上，"这样"的语义不再等同于"这"+量词"样"，而是开始指代性状；从功能上看，"样"作为语素进入"这样"中，其作为量词的语法特征也已经不完全，因此，"这样"后面可以加"的"，而量词后面不能加"的"。在向语素过渡的中间阶段，"这样"经历了三个发展阶段：

案例⑧"这"+量词"样"：不能带"的"，只能组成"这样+名"的格式，这里的"这样"都可以用"这种"来替换。这种用法出现在明代。

案例⑧"这样+名"与"这样+的+名"同时存在：在过渡阶段，量词特点尚未完全丧失。但随着汉语词汇系统发展和词汇化程度加深，这种结构形式在句法上表现出了明显的变化，在清末民初白话报中体现得尤为突出。

案例⑧"这样+的+名"："样"的量词特点完全丧失，不加"的"的形式最终消亡，词汇化过程最后完成。

清末民初是汉语从近代向现代发展的一个明显的过渡时期，表现在定语标志"的"字的用法上就是其用法还不是十分稳定，存在大量的"修饰语+中心语"的格式，其中一部分可以转化为"修饰语+的+中心语"的结构，意思上不发生改变。另一部分转换后意思发生改变。其中"指示代词＋的＋名词"结构与现代汉语用法不相同。通过对例子的分析得出，"样"在清代之前为量词，在发展过程中量词的特点逐步丧失，语义上也开始指代性状，到清季时"这样＋的＋名词"的结构出现，与"这样＋名词"的结构并存，到现代汉语时"这样＋名词"的结构已经完全消失。

清末民初定语标志"的"字的用法为什么呈现出这种情况，是一个非常值得探讨的问题。我认为，之所以会出现这种情况，是因为汉语正处于过渡时期，各种语言要素既受到古代汉语的影响又受到新生因素的影响。

参考文献

[1] 朱德熙.说"的".现代汉语语法研究 [C].北京：商务印书馆，1980：67.

[2] 张敏.认知语言学与汉语名词短语 [M].北京：中国社会科学出版社，2008：264.

[3] 吕叔湘.现代汉语八百词：增订本 [M].北京：商务印书馆，2005：156-173.

[4] 吴刚."汉语"的字词组"的句法研究 [J].现代外语（季刊），2000，23（87）：1 - 12.

[5] 刘丹青.汉语名词性短语的句法类型特征 [J].中国语文，2008(1)：3-20.

[6] 陈琼赞.修饰语和名词之间的"的"字的研究 [J].中国语文，1955(10).

[7] 黄国营."的"字的句法、语义功能 [J].语言研究，1982，(1)：101-129.

[8] 陆丙甫."的"的基本功能和派生功能——从描写性到区别性再到指称性 [J].世界汉语教学 2003，1(1)：14-29

[9] 冯雪冬.现代汉语"VP 的 NP"结构探源 [J].学术交流，2012，11.

[10] 郭艺蕾.清末民初汉语"的"字用法探究 [D].济南：山东师范大学，2018.

[11] 何文彬.论结构助词"的"的语法意义 [J].语言历史论丛，2021，1（15）：1-2.

[12] 王华.晚唐五代至明初汉语助词演变研究 [D].苏州：苏州大学，2016.

[13] 潘婷婷."的"字隐现与主宾语不对称 [J].语言教学与研究，2021，6：75-87.

[14] 朱青.指示代词"这样"及其组配形式的多角度研究 [D].上海：上海师范大学，
2009.

[15] 苏政杰.结构助词"的"的语法化历程 [J].汉语学报，2010.

课题完成期间出版的学术论文

独立完成，清末民初白话报刊"一 A 一 B"构式研究，《中文研究论集》2019 辑刊。

独立完成，清末民初比况构式"(S)X 一般"，《唐山师范学院学报》2020（3）。

后 记

当开始敲下这段文字时，五年前获批国家教育部人文社会科学青年基金（19YJC740016）的兴奋场景仿佛在眼前掠过，感谢我的导师张文国教授让我忝列"近代汉语研究"的学术之门，有了当一次做老学生的机会，先生的治学严谨，视野开阔，待人宽厚。还记得山东师范大学的学生住宿楼，美丽的千佛山校区，还记得文学院的吴庆峰教授、李海英教授、李建平教授、王天佑副教授、陈长书教授等山师名家的帮助，也想起当时一起求学的来自风筝之都的赵晖师姐，来自三晋大地的王铮杰师弟。

申请下来课题后，师院中文系（2020年上半年更名为"文学院"）语言学教研室的同事李永、郭万青等教授给了不少有益的建议。分专题研究的阶段，我发表过两篇小文，对两种微型的构式进行探究，同时鼓励跟着我写论文的几位同学撰写这一领域的学年和毕业论文。再次非常感谢张雨轩、张丽丽、王欣宇、刘竹青等四位学生。课题的完成还有赖于文学院两位教师的参与，娜红副教授、高光新教授在材料的收集、研究的思路上对我皆有帮助，他们也是此课题完成的结项成员之一。

同时，感谢课题评审的高水平的业内专家，让一个初出茅庐的小辈当年就有获批国家部委课题的机会。经过几载努力，也算是交上一个自己觉得还算及格的答卷。希望本书能够抛砖引玉，得到汉语学人的指正，对汉语研究做出绵薄的贡献。

　　最后，也要感谢天津人民出版社的编辑老师，本书之所以能顺利付梓，离不开出版社编辑的大力支持和热心帮助。